Liebe Schülerin, lieber Schüler!

Dieses Testheft unterstützt dich bei deiner Vorbereitung auf Schulaufgaben/Klassenarbeiten im Fach Deutsch. Es beinhaltet Tests zu den drei großen Bereichen **Erzählen**, **Informieren** und **Argumentieren** sowie Tests, die wie ein **schulinterner Leistungstest** aufgebaut sind (Leseverständnis, Ausdrucksvermögen, Rechtschreibung, Grammatik und Zeichensetzung). Auch weitere Prüfungsformen im Fach Deutsch wie das Vortragen von **Gedichten** und das Verfassen von **Märchen** und **Fabeln** werden geprüft.

Zu Beginn der Kapitel findest du immer erst die **wichtigsten Regeln im Überblick**, falls du noch einmal etwas nachsehen musst oder auch Aufgaben bearbeiten möchtest, die im Unterricht noch gar nicht besprochen wurden.

Nimm dir für die Bearbeitung der Tests **ausreichend Zeit** und bearbeite sie **selbstständig** und **am Stück**. Danach kannst du deine Aufsätze/Antworten mit den Lösungsvorschlägen vergleichen. Die **Bewertungsbögen** und Notenschlüssel helfen dir bei der Einschätzung deiner Leistung. In den meisten deutschen Bundesländern ist eine Bewertung nach Punkten in Deutsch zwar unüblich, sie kann dir jedoch bei der Korrektur helfen.

Viele der Tests sollen auf einem eigenen Blatt Papier bearbeitet werden. Also halte deinen Block oder ein leeres Heft bereit.

Ich wünsche dir viel Spaß bei der Arbeit mit diesem Heft und viel Erfolg in der Schule! Denke immer daran, je besser du dich vorbereitet fühlst, desto entspannter bist du in der Prüfung.

Allgemeine Tipps zur Vorbereitung auf Prüfungen

Stell dir dein Gedächtnis wie eine riesige Lagerhalle vor. Hier ist alles gespeichert, was du bisher gelernt hast. Es geht auch nur selten etwas verloren, man vergisst allerdings leicht, wo man die gesuchte Information abgelegt hat. Sicher kennst du das Gefühl, die Antwort eigentlich zu kennen, nur fällt sie dir genau jetzt nicht ein … Deshalb hilft es, seine Lagerhalle geordnet zu halten und systematisch zu lernen. Am besten gelingt dir dies mit einem **Lernplan**. Nimm dir ein bestimmtes Thema vor und arbeite zielgerichtet daran. Zudem solltest du regelmäßig wiederholen, damit du nicht vergisst, in welchem Regal welche Information liegt.

Starte unbedingt früh genug mit der Vorbereitung auf die Schulaufgabe/Klassenarbeit, das erspart dir die Angst, nicht allen Lernstoff rechtzeitig in deinen Kopf zu bekommen.

Liebe Eltern!

Sie haben dieses Testheft gekauft, um Ihr Kind zusätzlich bei der Vorbereitung auf Prüfungen in der 5. Klasse im Fach Deutsch zu unterstützen. Um eine möglichst echte Prüfungssituation zu schaffen, sollten Sie darauf achten, dass Ihr Kind die Aufgaben wirklich alleine bearbeitet und während der Bearbeitung **nicht unterbrochen oder gestört** wird. Bei der Bewertung der eigenen Arbeit kann es jedoch durchaus sein, dass Ihr Kind etwas **Unterstützung** benötigt. Natürlich stellt nicht jede Lehrkraft die Aufgaben gleich oder hat exakt dieselben Anforderungen, deshalb ist es erlaubt, dies bei der Bewertung der Tests zu berücksichtigen. Wurde ein Aspekt im Unterricht gar nicht behandelt, so kann dieser auch aus der Bewertung herausgenommen werden. Sollte Ihr Kind sehr unsicher sein, so kann es hilfreich sein, sich zunächst einmal einen **Beispielaufsatz** durchzulesen, den es entweder im Lösungsteil oder auf unserer Homepage finden kann (unter dem abgebildeten QR-Code in der Lösung oder auf unserer Seite **www.hauschkaverlag.de/loesungstexte-285**). In den meisten deutschen Bundesländern ist eine Korrektur nach Punkten in Deutsch unüblich oder sogar nicht erlaubt. Um Ihnen die Einschätzung der Leistung Ihrer Kinder zu vereinfachen, findet sich im Lösungsteil für jede Aufgabenform ein Bewertungsbogen mit einem Vorschlag zur Bepunktung. Die sich hieraus ergebenden Ergebnisse können jedoch von der Bewertung der unterrichtenden Lehrkraft abweichen.

Ich wünsche Ihnen und Ihrem Kind viel Spaß bei der Arbeit mit diesem Testheft. Sollten Sie in bestimmten Teilbereichen noch zusätzliche Übungen benötigen, finden Sie bei unserem Verlag zahlreiche Lernhilfen. Schauen Sie doch einfach einmal auf unsere Homepage: **www.hauschkaverlag.de**.

Irene Hufschmid

Irene Hufschmid

Erzählen

Das Wichtigste im Überblick

Die **Erzählung** kennst du bereits aus der Grundschule, doch wahrscheinlich kommen in der Unterstufe einige Neuerungen hinzu. Es gibt verschiedene Arten von Erzählungen, die meisten sind **ausgedacht**, aber es kann auch sein, dass du von eigenen Erlebnissen erzählst, z. B. einem Urlaub oder einer Klassenfahrt. Auch bei erfundenen Geschichten muss die Handlung jedoch immer realistisch bleiben (Ausnahme: Fantasieerzählung, Gespenstergeschichte). Da die verschiedenen Erzählungen viele Gemeinsamkeiten haben, lohnt es sich, auch die Varianten zu üben, die bei dir in der Schule nicht als Test abgefragt werden.

Aufbau der Erzählung

Jede Erzählung besteht aus **Überschrift**, **Einleitung**, **Hauptteil** und **Schluss**. Die **Spannungskurve steigt** zunächst **langsam** an, erreicht im Hauptteil ihren Höhepunkt und **fällt** dann **rasch** ab. Erstelle vor dem Schreiben immer einen Schreibplan, in dem die wichtigsten Schritte deiner Geschichte enthalten sind.

Überschrift

Nicht vergessen, jede Erzählung braucht eine Überschrift! Diese sollte **zum Thema passen** und **neugierig machen**, aber **nicht zu viel verraten**.

Einleitung

Deine Einleitung sollte **informativ**, **schlüssig**, **anschaulich** und **lebendig** sein. Sie muss alle Informationen enthalten, die für das Verständnis der Erzählung nötig sind (**Personen**, **Ort**, **Zeit**, **Handlung**), darf aber auch nicht zu viel verraten. Sie sollte unterhaltsam sein, sodass der Leser oder die Leserin Lust bekommt, weiterzulesen. Du kannst z. B. einen unmittelbaren Einstieg mit wörtlicher Rede verwenden.

Hauptteil inklusive Höhepunkt

Der Hauptteil ist der **längste Teil** deiner Erzählung. In ihm befindet sich der **Höhepunkt** und somit der **spannendste Teil** der Geschichte. Jede Erzählung hat immer nur einen Höhepunkt. Erzähle hier im „Zeitlupentempo" und enthülle die Auflösung schrittweise. Sprich dabei möglichst viele Sinne (sehen, hören, riechen, schmecken, fühlen) an, damit der Leser oder die Leserin in die Handlung hineingezogen wird.
Die Spannung sollte, so lange es geht, erhalten bleiben. Hierbei helfen **überraschende Wendungen**. Die Gefühle und Gedanken der Figuren sollten hier ausführlich wiedergegeben werden, die **wörtliche Rede** und die **Gedankenrede** sind dafür wichtige Mittel.

Schluss

Der Schluss sollte die **Erzählung abrunden**. Hierzu ist es oft hilfreich, auf den Anfang der Geschichte zurückzukommen. Falls es zur Geschichte passt, kann hier auch eine kurze Lehre („Die Moral von der Geschichte ...") formuliert werden. Manchmal ist es vorgegeben, die Spannung im Hauptteil aufzulösen, manchmal aber auch erst im Schluss. Achte hier auf die Vorgaben deines Lehrers oder deiner Lehrerin.

Erzählzeit

Geschichten erzählt man im Präteritum (1. Vergangenheit). Um den Höhepunkt jedoch besonders spannend zu gestalten, kann man hier für einige Sätze in das **Präsens** (Gegenwart) wechseln. Das **Plusquamperfekt** wird benötigt, wenn etwas vor der Zeit der Erzählung stattgefunden hat, z. B. Bevor Lukas zum Frühstück **ging (Präteritum)**, **hatte** er sich die Zähne **geputzt (Plusquamperfekt)**.

Erzählperspektive

Entscheide dich, ob du aus der **Ich-** oder der **Er-/Sie-Perspektive** erzählen möchtest, und halte diese konsequent ein. Bedenke, dass ein Ich-Erzähler nicht genau weiß, was die anderen Personen denken und fühlen. Er ist aber natürlich unmittelbar am Geschehen beteiligt.

Erzählstil

Wichtig ist, dass du anschaulich erzählst und treffende Wörter verwendest. Vor allem Adjektive und Verben sind hierbei wichtig. Auch sprachliche Bilder, z. B. der Vergleich („schwer wie Blei"), sind gut geeignet. Versuche, die **Gedanken** und **Gefühle** der Figuren genau zu beschreiben, sodass man die Gründe für ihre Handlungen versteht. Benutze auch die **wörtliche Rede**. Die Lesenden sollten nie das Interesse an der Handlung verlieren.

Besonderheiten der Bildergeschichte

Schau dir die Bilder ganz genau an, damit du keine wichtigen Details übersiehst. Achte vor allem auch auf den Gesichtsausdruck und die Körperhaltung der Figuren.
Denke beim Erzählen daran, dass deine Geschichte auch ohne Bilder verständlich sein muss. Wahrscheinlich musst du einige Informationen ergänzen, die nicht auf den Bildern zu sehen sind.
Erzähle eine zusammenhängende Geschichte, aber Bild für Bild. Mache hierzu nach jedem Bild einen Absatz. Manchmal müssen die Bilder erst in die richtige Reihenfolge gebracht werden. Die **Einleitung** beschreibt das **erste Bild**, eventuell musst du kurz ergänzen, was zuvor geschehen ist. Im **Schluss** wird das **letzte Bild** beschrieben. Manchmal findet sich hier eine Schlusspointe (Überraschung, Witz), die du betonen solltest.

Besonderheiten der Reizwortgeschichte

Meist bekommst du drei sogenannte „Reizwörter". Diese sollten **zentrale Elemente** deiner Erzählung sein und dürfen nicht einfach kurz in der Einleitung erwähnt und dann aber nicht weiter beachtet werden. Du kannst sie markieren, um sie nicht zu vergessen.

Besonderheiten weiterer Erzählvarianten

Wenn du einen **Erzählanfang** fortsetzen sollst, ist es wichtig, dass du diesen mehrmals genau liest. Markiere alle **Figuren** und **wichtige Hinweise** auf die Handlung. Sollst du eine literarische Vorlage (z. B. ein Gedicht oder eine Fabel) um- oder ausgestalten, ist dies ebenfalls wichtig.
Wenn nur die **Überschrift** vorgegeben ist, hast du viel Freiheit, dennoch muss deine Geschichte zu ihr passen.

Besonderheiten der Fantasieerzählung

Hier geschehen Dinge, die in der **Wirklichkeit nicht möglich** sind, es darf z. B. gezaubert werden oder Tiere können sprechen. Aber auch in deiner Fantasiewelt muss es Regeln geben, damit die Handlung schlüssig und nachvollziehbar ist. Übertreibe es also nicht mit fantastischen Elementen. In der Einleitung und/oder im Schluss kannst du erklären, wie du in die Fantasiewelt gelangt bist, beziehungsweise in die Wirklichkeit zurückkehrst. Möglich wäre ein Traum, eine verborgene Tür oder ähnliches.

Besonderheiten des Märchens

Oft beginnen Märchen mit den Worten „Es war einmal" und enden mit „Und wenn sie nicht gestorben sind, dann leben sie noch heute". Häufig wird der **Hauptfigur eine Aufgabe gestellt**, für die sie ihr Zuhause verlässt. Sie erlebt zahlreiche Abenteuer und wird mit fantastischen Elementen konfrontiert, Feen, Hexen, magischen Gegenständen usw. Meist hat sie einen Gegenspieler, der gegensätzlich ist (z. B. schön – hässlich oder arm – reich). Oft spielen die Zahlen 3, 7 und 13 eine wichtige Rolle. Ort und Zeit sind unbekannt („In einem fernen Land ..."; „Vor langer, langer Zeit ..."). Am **Ende** der Geschichte winkt dem Helden/der Heldin oft eine **Belohnung**.

1. Kurztest: Erzählen

1 **Richtig oder falsch? Vor dem eigentlichen Schreiben sollte ich ...**

	richtig	falsch
... mir die Bilder einmal kurz angeschaut haben.	○	○
... festlegen, welches Bild ich für welchen Teil des Aufsatzes benötige.	○	○
... eine Stoffsammlung (z. B. eine Mindmap oder eine Tabelle mit W-Fragen) erstellen.	○	○
... die Erzählperspektive festlegen.	○	○
... mir die Bilder heraussuchen, die ich für meine Geschichte verwenden will.	○	○
... genau wissen, wie die Geschichte ausgeht.	○	○

☐ /6

2 **Richtig oder falsch? In der Einleitung sollte ...**

	richtig	falsch
... der Name des Jungen genannt werden.	○	○
... erwähnt werden, woher der Junge kommt.	○	○
... der Höhepunkt enthalten sein.	○	○
... die Pfeife erwähnt werden.	○	○
... klar werden, dass es sich um das Zuhause des Jungen handelt.	○	○
... der Vater mit dem Sohn sprechen.	○	○
... man das Präteritum verwenden.	○	○
... erklärt werden, dass Rauchen der Gesundheit schadet.	○	○

☐ /8

3 Richtig oder falsch? Der Hauptteil sollte …

	richtig	falsch
… mit dem Höhepunkt beginnen.	○	○
… der deutlich längste Teil des Aufsatzes sein.	○	○
… keine wörtliche Rede enthalten.	○	○
… den Löschversuch des Sohnes anschaulich schildern.	○	○
… deutlich machen, dass der Sohn besser die Feuerwehr gerufen hätte.	○	○
… eine überraschende Wendung enthalten.	○	○
… komplett im Präsens verfasst werden.	○	○
… kurz und knapp das Wichtigste zusammenfassen.	○	○

☐ /8

4 Richtig oder falsch? Im Schluss sollte …

	richtig	falsch
… deutlich werden, dass der Sohn dem Vater das Leben gerettet hat.	○	○
… erklärt werden, weshalb der Vater wütend ist.	○	○
… die Handlung abgerundet werden.	○	○

☐ /3

5a Welche der Sätze in der Tabelle passen gut in eine zu den Bildern passende Erzählung?

☐ /8

5b Passen die markierten Sätze in die Einleitung, den Hauptteil oder den Schluss? Schreibe den richtigen Aufsatzteil dahinter. Wenn der Satz unpassend ist, lässt du das Feld frei.

☐ /4

	passend	unpassend	Aufsatzteil
Um 12.45 Uhr war der Sohn von der Schule heimgekehrt und stellte fest, dass es brannte.	○	○	
Es war ein wunderschöner Freitagmittag und Max kam gerade von der Schule nach Hause.	○	○	
„Diese ständige Raucherei nervt!“, rief Max ärgerlich, als er am Fenster vorbeiging.	○	○	
Ziemlich bedröppelt stand ich vor meinem wütenden Vater.	○	○	
Wie der Blitz rennt Max zum Gartenteich, um seinen Eimer mit Wasser zu füllen.	○	○	
„Hoffentlich komme ich noch rechtzeitig“, dachte der Sohn, während er losrannte.	○	○	
„Wo willst du denn hin?“, rief der Vater seinem Sohn hinterher.	○	○	
Mit großem Schwung hatte Max das Wasser durch das Fenster geschüttet.	○	○	

Von 37 Punkten hast du ____ erreicht.

2. Eine Bildergeschichte mit Hilfe verfassen

1 **Plane die Geschichte zu den Bildern auf Seite 4.**
Erstelle für jedes Bild eine stichpunktartige Übersicht mit allen wichtigen Informationen.
Orientiere dich an den folgenden W-Fragen: Wer? Wann? Wo? Was?

☐ /4

2 **Welche der folgenden Überschriften passt wohl am besten zu der Geschichte?**

- ◯ Das Missverständnis
- ◯ Die gelöschte Pfeife
- ◯ Der verdächtige Rauch
- ◯ Feuer! – Oder doch nicht?
- ◯ Gefährliche Flammen

☐ /1

3 **Verfasse eine Einleitung zur Bildergeschichte auf Seite 4.**

☐ /6

4 **Der folgende Höhepunkt ist noch nicht ganz so gut gelungen. Verbessere die fett gedruckten Textstellen. Du kannst hierfür entweder nur die markierten Wörter ersetzen oder aber auch ganze Sätze umformulieren. Manchmal stimmt auch das Tempus (die Zeit) nicht.**

Und dann (1) **rennt** (2) Max völlig außer Atem zurück Richtung Haus. **Und dann** (3) **stolpert** (4) er in der Eile fast und **verschüttet** (5) beinahe den übervollen Wasserkübel. „Hoffentlich schaffe ich es noch rechtzeitig", geht es Max voller Sorge im Kopf herum. „Schnell, bevor es zu spät ist!" Er kann den Rauch schon riechen und spürt ihn in den Augen jucken und im Hals kratzen. **Und dann** (6) **kam** (7) er endlich am qualmenden Fenster an. Max **holte** (8) mit beiden Armen Schwung und **schüttete** (9) das Wasser mit aller Kraft durch das offene Fenster. Doch statt des erwarteten Zischens der Flammen **hörte** (10) er einen wütenden **Ruf** (11).

☐ /11

5 **Der folgende Schluss muss noch überarbeitet werden. Finde für die fett gedruckten Wörter aussagekräftigere Begriffe. Zudem fehlen alle Satzzeichen bei der wörtlichen Rede, ergänze sie.**

Was soll das **sagte** (1) der Vater wütend. Ich sitze doch immer hier! Er zeigte auf seine Pfeife und **sagte** (2) Ich habe dir doch schon **oft** (3) **gesagt** (4), dass ich am Fenster rauche, weil sonst deine Mutter **sagt** (5), dass es im Haus stinkt. Oh **sagte** (6) Max bedröppelt, daran habe ich gar nicht mehr gedacht. Ich kam von der Schule heim, habe den Rauch gesehen und bin erschrocken. Vor lauter Sorge um dich und Mama habe ich gar nicht groß nachgedacht und bin gleich losgelaufen, um euch zu retten. Der Vater wollte gerade weiter schimpfen, als Max **sagte** (7), was seine Mutter immer **sagte** (8) Hör auf zu rauchen, das schadet deiner Gesundheit.

☐ /9

Von 31 Punkten hast du ____ erreicht.

3. Eine Bildergeschichte selbst verfassen

Zeiteinteilung

Meist hat man 60 Minuten Zeit, um eine Erzählung zu verfassen. Die folgende Zeiteinteilung kann dir als Orientierung dienen:

- 15 Minuten für die Planung der Geschichte
- 5 Minuten für die Einleitung
- 25 Minuten für den Hauptteil
- 5 Minuten für den Schluss
- 10 Minuten zur Überarbeitung

Nimm dir unbedingt die Zeit, deinen Aufsatz noch einmal genau zu lesen. Es ist immer besser, du findest die Fehler und nicht der Lehrer oder die Lehrerin!

Verfasse eine vollständige Bildergeschichte zu den unten abgebildeten sechs Bildern.

Der Bewertungsbogen im Lösungsteil soll dir helfen, deine Erzählung selbst zu beurteilen und gegebenenfalls zu verbessern.

Von 42 Punkten hast du ____ erreicht.

4. Eine Reizwortgeschichte überarbeiten

1 **Betrachte das Foto und versuche dich in die Katze hineinzuversetzen. Was nimmt sie mit ihren Sinnen wahr? Finde für jeden Sinn mindestens eine Empfindung.**

Die Katze ...

sieht: ______________________

____

hört: ______________________

____

fühlt: ______________________

____

schmeckt: ______________________

____

riecht: ______________________

____

☐ /2,5

2 **Eine Schülerin hat einen Aufsatz mit den folgenden Reizwörtern geschrieben:**

Test/Schulaufgabe – Katze – Glatteis

Er ist schon recht gut gelungen. Ein paar Fehler finden sich aber doch noch. Kannst du helfen?

Im Text sind 5 Rechtschreib-, 3 Grammatik- und 2 Tempusfehler. Beim Höhepunkt gibt es auch inhaltlich etwas zu verbessern.

Die Ausrede

Es war Montag Morgen und Tinas Laune hatte seinen Tiefpunkt erreicht. Nicht nur, dass das Wochenende vorbei war, heute stand auch noch die Deutschschulaufgabe an. Tina war zwar eigentlich nicht schlecht in Deutsch, aber vor Tests war sie immer sehr nervös. Eilig packt sie ihre Schultasche und lief aus dem Haus.

Zum Glück war Tinas Schulweg nicht allzu lang und sie brauchte erst kurz vor Schulbeginn loszugehen. Sie mochte es gar nicht, wenn sie noch ewig mit ihren Mitschülern vor dem Klassenzimmer warten musste, da machten sich immer alle gegenseitig verückt. Ihre Laune besserte sich etwas, als sie sah, wie wunderschön der Schnee in der Sonne glitzerte. Die kalte Luft kitzelte sie in der Nase und sorgte dafür, dass sie munter wurde. Heute nach der Schule würde sie mit ihrer Freundin Sara einen großen Schneemann bauen! Aber erst einmal musste sie den Vormittag überstehen. In Gedanken ging Tina noch einmal alle wichtigen Punkte durch, die sie in der Schulaufgabe nicht vergessen wollte: „Wörtliche Rede einsetzen, anschaulich und spannend erzählen, den Höhepunkt ausgestalten, die Überschrift nicht vergessen, ach ja, und das Tempus, in welcher Zeitform schrieb man noch einmal eine Erzählung?" Ganz in Gedanken versunken läuft Tina die schmale Straße zur Schule entlang, als plötzlich eine Katze von links über den Zaun kommt und über die Straße geht.

Tina erschrickt dermaßen, das sie mit dem Po im Schnee landet. Die Katze zeigt sich ziemlich unbeeindrugt. Tina rappelt sich wider hoch und klopft den Schnee ab, doch ihre Hose bleibt nass und kalt. So kann sie auf keinen Fall in den Unterricht gehen. „Was soll ich nur machen?", überlegt sie verzweifelt. „Wenn ich noch einmal nach Hause gehe, komme ich viel zu spät zur Schulaufgabe. Warum bin ich nur so knapp losgegangen …" Da fällt ihr ein, dass vor dem Sekretariat immer eine Box mit vergessenen Kleidungsstücken steht, da würde sich sicher eine Sporthose finden. Schnell lief sie in die Schule, sollte sie noch einmal hinfallen, wäre das ja jetzt auch schon egal. Sie kam allerdings ohne weiteren Sturz an und hat tatsächlich eine zwar nicht schöne, aber immerhin trockene knallgrüne Jogginghose gefunden, die einigermaßen passte. Schnell lief sie zur Toilette, um sich umzuziehen.

Im Klassenzimmer angekommen wurde sie ärgerlich von der Lehrerin begrüsst, die Stunde hatte bereits vor 5 Minuten begonnen. Zunächst wollte diese ihm die Geschichte mit der Katze nicht so recht glauben, doch als die Lehrerin Tina genauer betrachtete und die knallgrüne Jogginghose zur schönen weißblauen Bluse sah, konnte sie sich ein Schmunzeln nicht verkneifen und wusste, dass Tina die Wahrheit erzählt hatte.

☐ /10

Von 12,5 Punkten hast du ____ erreicht.

5. Eine Reizwortgeschichte planen

Denke dir basierend auf den folgenden Reizwörtern eine unterhaltsame Geschichte aus der Ich-Perspektive aus und verfasse einen Schreibplan.

Taschenlampe – Hundewelpe – Gewitter

Überschrift: ____________________

Einleitung mit Antworten auf die W-Fragen:

Wer? ____________________ Wann? ____________________

Wo? ____________________ Was? ____________________

Wichtige Erzählschritte im Hauptteil (bis Höhepunkt): ____________________

____

____

Höhepunkt/Auflösung: ____________________

____

Schluss: ____________________

Von 13 Punkten hast du ____ erreicht.

6. Eine Fantasiegeschichte mit Reizwörtern verfassen

Verfasse basierend auf den folgenden Reizwörtern eine unterhaltsame Geschichte aus der Ich-Perspektive.

Lagerfeuer – Troll – Ring

Der Bewertungsbogen in den Lösungen soll dir helfen, deine Erzählung selbst zu beurteilen und gegebenenfalls zu verbessern.

Von 38 Punkten hast du _____ erreicht.

7. Fortsetzung eines Erzählanfangs – Erlebniserzählung

Lies dir den folgenden Anfang einer Erlebniserzählung sorgfältig durch und überlege, wie die Geschichte weitergehen könnte.

In den Osterferien machte Oma Anna mit ihrer Enkelin Lisa einen Ausflug in den Tierpark Hellabrunn nach München. Lisa freute sich schon sehr darauf, denn erstens verbrachte sie sehr gerne Zeit mit ihrer Oma und zweitens war sie natürlich gespannt auf die ganzen Tiere. Der letzte Besuch in einem Zoo lag schon längere Zeit zurück. Beide freuten sich vor allem auf die Affen, denn dort war immer viel Leben im Gehege.

Lisa und Oma Anna betraten den Zoo durch den Flamingoeingang, denn Lisa konnte es kaum erwarten, in das Affenhaus zu kommen. Sie öffnete die schwere Doppeltüre und die feuchtwarme Dschungelluft schlug ihnen entgegen. …

1 **Welcher Höhepunkt passt am besten? Kreuze an und nenne zu jedem Höhepunkt einen Grund, warum du dich für bzw. gegen diesen entschieden hast.**

A Oma Anna und Lisa stehen vor dem Gehege der Totenkopfäffchen und sehen dem lustigen Treiben zu. Einer der kleinen Affen hat sich ein Stück Apfel zwischen die Zähne gesteckt und klettert pfeilschnell auf einen der Äste, während ihm drei andere Affen hinterherjagen. „Schau, wie lustig sie hüpfen!", ruft Lisa Oma Anna zu. Dann gehen sie weiter zu den Schimpansen und sehen diesen eine Weile zu. Es sind sechs Schimpansen im Gehege, davon zwei Babys. Das Gehege sieht recht natürlich aus, mit vielen Pflanzen und Baumstämmen, zudem gibt es etliche Spielgeräte. Den Tieren sollte ja nicht langweilig werden. „Komm, gehen wir weiter zu den Elefanten und kaufen uns unterwegs noch ein Eis", schlägt Oma Anna vor. Sie machen sich sogleich auf den Weg. Nach den Elefanten besuchten sie noch die Giraffen, die Kängurus und die Löwen. „Schau Oma!", rief Lisa, „Der eine Löwe gähnt gerade. Hat der aber große spitze Zähne!" Auch die beiden Eisbären wollten sie natürlich nicht verpassen und sie statteten ihnen ebenfalls noch einen Besuch ab.

B Nachdem sie eine Weile den Affen zugesehen hatten, machten sie sich auf den Weg zu den Seehunden. Beide stehen am Rand des Seehundbeckens und beobachten die munteren Tierchen. Ein Pfleger betritt das Gehege mit einem Eimer voller Fische, diese sind nicht zu überriechen. Die Seehunde beginnen sofort aufgeregt zu bellen. Er wirft jedem Tier einen Fisch zu und die Seehunde fangen sie geschickt aus der Luft. Oma Anna beugt sich über die Absperrung, um alles genau sehen zu können, und auch Lisa hat riesigen Spaß dabei, die Tiere zu beobachten. „Wenn der Fisch nur nicht so schrecklich stinken würde …", denkt sie sich und hält sich die Nase zu. „Vorsicht Oma, pass auf! Dein Hut fällt gleich ins Wasser", rief Lisa plötzlich. „Oh, danke!", antwortete Oma Anna und nahm ihn lieber in die Hand. Selbst wenn ihn einer der Pfleger wieder herausholen würde, der Fischgestank würde sicher ewig im Stoff hängen bleiben.

C Gleich hinter dem Eingang links lebten die Schimpansen in einem großen Gehege. Lisa und Oma Anna schauten ihnen voller Vergnügen zu. Besonders gefielen ihnen die kleinen Affenbabys, die sich quer durch das Gehege jagten. Auf einmal hörten sie ein lautes Krachen. „Was war das?", rief Oma Anna erschrocken. Sie gingen ein paar Meter weiter in das Dschungelhaus hinein und sahen, wie im Gehege der Gorillas eines der Männchen völlig außer sich war. Es brüllt und schnaubt wütend und schlägt sich mit den Fäusten auf die Brust. Plötzlich rennt es auf die Scheibe zu und schlägt mit großer Wucht mit seinen Fäusten gegen das erzitternde Glas. Das ist also das laute Krachen gewesen. „Was sollen wir nur tun, Oma?", ruft Lisa verzweifelt. Erneut trommelt der Affe gegen die Scheibe und so langsam bekommen es die beiden mit der Angst zu tun. Außer ihnen ist nur noch ein Mann in der Nähe, doch scheint er eher belustigt als ängstlich zu sein. „Oma, glaubst du, er kann die Scheibe zerbrechen?", stammelt Lisa verunsichert. „Nein, sicher nicht", murmelt Oma Anna, doch so ganz überzeugt ist sie selbst nicht. Doch was ist das? Lisa hat ganz deutlich etwas aufblitzen gesehen! Der Mann hatte einen Laserpointer dabei und leuchtete dem Gorilla in die Augen. Lisa erzählte Oma Anna von ihrem Verdacht und diese wandte sich sofort an den Mann. „Hören Sie gefälligst auf, das arme Tier zu quälen", forderte sie rigoros. „Ich werde Sie bei den Tierpflegern melden!" ☐ /4

2 **Welche der folgenden Überschriften passt zur Geschichte? Kreuze an und nenne zu jeder Überschrift einen Grund, warum du dich für bzw. gegen diese entschieden hast.**

A Ein tierisches Abenteuer

B Ein Affe rastet aus

C Oma und Lisa im Zoo

D Ein aufregender Tag im Zoo

☐ /5

Von 9 Punkten hast du ____ erreicht.

8. Fortsetzung eines Erzählanfangs – Fantasie- und Gespenstergeschichte

Verfasse zu einem der beiden folgenden Erzählanfänge eine vollständige Fantasie- bzw. Gespenstergeschichte. Natürlich kannst du auch beide Geschichten schreiben.

A Als ich eines Morgens erwachte, fühlte ich gleich, dass etwas nicht stimmte. Ich streckte und räkelte mich wie üblich, aber mein Körper fühlte sich merkwürdig an. Ich rieb mir die Augen, doch was war das, da war ja Fell in meinem Gesicht und neben meinem Mund wuchsen einige Schnurrhaare. Ich war eine Katze! Erschrocken fuhr ich hoch und mein Katzenkörper machte einen Satz in die Luft. Ich tapste zum Spiegel und tatsächlich sah mir eine rot-weiß getigerte Katze entgegen.

B Kasimir und Fridolin waren zwei klassische Gespenster, wie sie im Buche stehen. Sie lebten seit mehr als 200 Jahren im Schlosshotel „Zur weißen Eule" und vertrieben sich die Zeit damit, die Gäste zu erschrecken. Sie rasselten mit ihren Ketten, ließen die Kerzen flackern und die Schranktüren klappern. Neben dem Spuken hatten sie nur eine weitere große Leidenschaft, Käsekuchen, doch den bekamen sie viel zu selten. Eines Abends planten die beiden ihren nächsten Streifzug durchs Schloss. „Im Westflügel ist doch heute eine Familie mit zwei Kindern eingezogen. Ich bin sicher, dass wir die herrlich erschrecken können", schlug Kasimir vor.

Der Bewertungsbogen in den Lösungen hilft dir, deine Erzählung selbst zu beurteilen und gegebenenfalls zu verbessern.

Von 32 Punkten hast du ____ erreicht.

9. Fortsetzung eines Erzählanfangs – Märchen

Lies dir die folgenden Märchenanfänge sorgfältig durch.

A Vor langer Zeit lebten in einem großen düsteren Wald zwei Geschwister. Schon früh hatten sie ihre Eltern verloren und schlugen sich seitdem alleine durchs Leben. Jeden Tag streiften sie auf der Suche nach Nahrung durch den Wald und waren dankbar, wenn sie einige Pilze und Beeren fanden. Vor den Tieren, mit denen sie den Wald teilten, hatten sie dabei keine Angst, sie betrachteten sie vielmehr als ihre Freunde, denn sonst wären sie ganz alleine gewesen. Das nächste Dorf war einen Tagesmarsch entfernt. Als sie eines Morgens gerade auf einer Lichtung ein paar besonders schöne Pilze pflücken wollten …

B Es war einmal ein junger Stallknecht, der auf einer großen Burg in einem fernen Land weit hinter den Bergen lebte. Eigentlich galt das Land um die Burg als sicher und die Bewohner lebten viele Jahre glücklich und zufrieden. Seit einiger Zeit trieb jedoch ein gefährlicher Drache sein Unwesen. Immer wieder überflog er die Felder der Bauern im Umland der Burg und brannte mit seinem heißen Atem die Ernte nieder. Schon zahlreiche Ritter hatten beim Versuch den Drachen zu vertreiben ihr Leben verloren. Eines Tages, der Stallknecht war gerade mit dem Ausmisten der Pferdeboxen beschäftigt, hörte er eine ihm unbekannte Stimme …

1 **Suche dir eine Geschichte aus und überlege, wie sie weitergehen könnte. Verfasse zunächst einen Steckbrief für deine Hauptfigur(en). Dies hilft dir, sie im Märchen genauer zu beschreiben. Wenn du Lust hast, kannst du sie auch kurz zeichnen.**

Suchmeldung

Gesucht wird/werden ein/e ________________ Frau/Junge/Mädchen.

Er/Sie ist/sind bekleidet mit ________________.

Besonders gut zu erkennen ist/sind er/sie an ________________.

Zuletzt gesehen wurde/n er/sie ________________.

Er/Sie hat/haben ein Problem bei/m/mit ________________.

Er/Sie besitzt/besitzen folgende Eigenschaften: ________________. ☐ /6

Folgende Adjektive können dir helfen: alt, arm, bescheiden, besorgt, böse, charmant, eifersüchtig, frech, fröhlich, gelassen, gemein, gierig, groß, hässlich, hinterlistig, hoffnungslos/-voll, höflich, hübsch, jung, klein, listig, mächtig, mürrisch, nachdenklich, schwach, traurig, verzweifelt, zornig

2 **Verfasse nun zu einem der beiden Erzählanfänge ein vollständiges Märchen bestehend aus Überschrift, Einleitung, Hauptteil und Schluss. Natürlich kannst du auch zwei Märchen schreiben.** ☐ /34

Der Bewertungsbogen in der Lösung zu **Test 8** hilft dir, deine Erzählung zu beurteilen und gegebenenfalls zu verbessern.

- Wenn du möchtest, kannst du im Vorfeld auch noch einen Steckbrief für den Bösewicht deines Märchens erstellen.
- Mache dir eine Mindmap und überlege, welche scheinbar unlösbare(n) Aufgabe(n) erledigt werden muss/müssen.
- Mache dir außerdem kurz stichpunktartige Notizen zu weiteren Figuren des Märchens. Üblicherweise brauchst du noch eine(n) Auftraggeber(in), eine Figur, die Hilfe benötigt, oder Helfer, die den Helden oder die Heldin unterstützen.

Von 40 Punkten hast du _____ erreicht.

10. Fortsetzung eines Erzählanfangs – Romanbeginn

Lies dir aufmerksam den Beginn des Romans „Tintenherz" von Cornelia Funke durch. Setze die Geschichte fort und finde ein passendes Ende.

Hinweis: Auch wenn du die Geschichte kennst, geht es hier nicht darum, möglichst nah an das Original heranzukommen, sondern dir eine eigene Geschichte auszudenken.

Ein Fremder in der Nacht

Es fiel Regen in jener Nacht, ein feiner, wispernder Regen. Noch viele Jahre später musste Meggie bloß die Augen schließen und schon hörte sie ihn, wie winzige Finger, die gegen die Scheibe klopften. Irgendwo in der Dunkelheit bellte ein Hund, und Meggie konnte nicht schlafen, so oft sie sich auch von einer Seite auf die andere drehte.

Unter ihrem Kissen lag das Buch, in dem sie gelesen hatte. Es drückte den Einband gegen ihr Ohr, als wollte es sie wieder zwischen seine bedruckten Seiten locken. „Oh, das ist bestimmt sehr bequem, so ein eckiges, hartes Ding unterm Kopf", hatte ihr Vater gesagt, als er zum ersten Mal ein Buch unter ihrem Kissen entdeckte. „Gib zu, es flüstert dir nachts seine Geschichte ins Ohr." – „Manchmal!", hatte Meggie geantwortet. „Aber es funktioniert nur bei Kindern." Dafür hatte Mo sie in die Nase gezwickt. Mo. Meggie hatte ihren Vater noch nie anders genannt.

In jener Nacht – mit der so vieles begann und so vieles sich für alle Zeit änderte – lag eins von Meggies Lieblingsbüchern unter ihrem Kissen, und als der Regen sie nicht schlafen ließ, setzte sie sich auf, rieb sich die Müdigkeit aus den Augen und zog das Buch unter dem Kissen hervor. Die Seiten raschelten verheißungsvoll, als sie es aufschlug. Meggie fand, dass dieses erste Flüstern bei jedem Buch etwas anders klang, je nachdem, ob sie schon wusste, was es ihr erzählen würde, oder nicht. Aber jetzt musste erst einmal Licht her. In der Schublade ihres Nachttisches hatte sie eine Schachtel Streichhölzer versteckt. Mo hatte ihr verboten, nachts Kerzen anzuzünden. Er mochte kein Feuer. „Feuer frisst Bücher", sagte er immer, aber schließlich war sie zwölf Jahre alt und konnte auf ein paar Kerzenflammen aufpassen. Meggie liebte es, bei Kerzenlicht zu lesen. Drei Windlichter und drei Leuchter hatte sie auf dem Fensterbrett stehen. Sie hielt das brennende Streichholz gerade an einen der schwarzen Dochte, als sie draußen die Schritte hörte. Erschrocken pustete sie das Streichholz aus – wie genau sie sich viele Jahre später noch daran erinnerte! – kniete sich vor das regennasse Fenster und blickte hinaus. Und da sah sie ihn.

Die Dunkelheit war blass vom Regen und der Fremde war kaum mehr als ein Schatten. Nur sein Gesicht leuchtete zu Meggie herüber. Das Haar klebte ihm auf der nassen Stirn. Der Regen triefte auf ihn herab, aber er beachtete ihn nicht. Reglos stand er da, die Arme um die Brust geschlungen, als wollte er sich wenigstens auf diese Weise etwas wärmen. So starrte er zu ihrem Haus herüber.

Ich muss Mo wecken!, dachte Meggie. Aber sie blieb sitzen, mit klopfendem Herzen, und starrte weiter hinaus in die Nacht, als hätte der Fremde sie angesteckt mit seiner Reglosigkeit. Plötzlich drehte er den Kopf und Meggie schien es, als blickte er ihr direkt in die Augen. Sie rutschte so hastig aus dem Bett, dass das aufgeschlagene Buch zu Boden fiel. Barfuß lief sie los, hinaus auf den dunklen Flur. In dem alten Haus war es kühl, obwohl es schon Ende Mai war.

In Mos Zimmer brannte noch Licht. Er war oft bis tief in die Nacht wach und las. Die Bücherleidenschaft hatte Meggie von ihm geerbt. Wenn sie sich nach einem schlimmen Traum zu ihm flüchtete, ließ sie nichts besser einschlafen als Mos ruhiger Atem neben sich und das Umblättern der Seiten. Nichts verscheuchte böse Träume schneller als das Rascheln von bedrucktem Papier.

Aber die Gestalt vor dem Haus war kein Traum.

Das Buch, in dem Mo in dieser Nacht las, hatte einen Einband aus blassblauem Leinen. Auch daran erinnerte Meggie sich später. Was für unwichtige Dinge im Gedächtnis kleben bleiben!

„Mo, auf dem Hof steht jemand!"

aus: „Tintenherz" von Cornelia Funke

Der Bewertungsbogen in den Lösungen zu **Test 8** hilft dir, deine Erzählung zu beurteilen und gegebenenfalls zu verbessern.

Von 30 Punkten hast du _____ erreicht.

11. Ausgestaltung eines Erzählkerns – Erlebniserzählung

Beim Stöbern auf dem Dachboden von Oma Ute und Opa Hans haben Uli und Ella eine alte Postkarte ihres Vaters gefunden.

Hallo Mama, hallo Papi,

mir gefällt es hier insgesamt sehr gut. Das Essen ist zwar nicht so toll, aber die Zimmer sind schön. Ich teile mir meins mit Benni und Fabi. Heute waren wir mit einem Floß unterwegs, das wäre fast schiefgegangen. Mitten auf dem Fluss haben sich auf einmal die Seile gelöst und wir sind ins Wasser gefallen. Zum Glück konnten wir alle gerettet werden. Aber regt euch nicht auf, es ist ja alles gut gegangen!

Liebe Grüße aus dem Schullandheim

Euer Patrick

Ute und Hans River

Teichstr. 3a

83512 Wasserburg

Als Uli und Ella abends wieder nach Hause kommen, sprechen sie ihren Vater gleich auf die Postkarte an: „Was ist denn damals genau passiert? Erzähl doch mal!“

Gestalte die Geschichte spannend aus und erzähle sie aus der Perspektive des Vaters. Finde auch eine geeignete Überschrift.

Der Bewertungsbogen in der Lösung soll dir helfen, deine Erzählung selbst zu beurteilen und gegebenenfalls zu verbessern.

Von 42 Punkten hast du _____ erreicht.

12. Ausgestaltung eines Erzählkerns – Märchen

Eilmeldung: Schock nach Entführung von I-Ah!

Schloss Schwindeck, 08.08.1888

Gestern wurde am helllichten Tag der allseits beliebte sprechende Esel I-Ah aus seinem Stall entführt. Über die Entführer und deren Hintergründe ist zurzeit noch nichts bekannt, eine Lösegeldforderung wird vermutet. Erste Hinweise könnte ein seltsamer Ring liefern, den vermutlich der Entführer verloren hat. Zudem lag im Stall ein merkwürdiger Geruch in der Luft, dessen Ursprung noch unbekannt ist.

Die Besitzer des Esels, König Richard und Königin Margarete, stehen unter Schock und hoffen auf Hilfe.

Schreibe die Nachrichtenmeldung in eine Erlebniserzählung in Form eines Märchens um.

Der Bewertungsbogen in der Lösung zu **Test 11** soll dir helfen, deine Erzählung selbst zu beurteilen und gegebenenfalls zu verbessern.

Von 44 Punkten hast du _____ erreicht.

13. Ausgestaltung eines Erzählkerns – Ballade

Schreibe die folgende Ballade (eine Art Gedicht) in eine Erzählung um.

Friedrich Schiller: Der Handschuh

Vor seinem Löwengarten,
Das Kampfspiel zu erwarten,
Saß König Franz,
Und um ihn die Großen der Krone,
Und rings auf hohem Balkone
Die Damen im schönen Kranz.

Und wie er winkt mit dem Finger,
Auf tut sich der weite Zwinger,
Und hinein mit bedächtigem Schritt
Ein Löwe tritt,
Und sieht sich stumm
Rings um,
Mit langem Gähnen,
Und schüttelt die Mähnen,
Und streckt die Glieder,
Und legt sich nieder.

Und der König winkt wieder.
Da öffnet sich behänd
Ein zweites Tor.
Daraus rennt
Mit wildem Sprunge
Ein Tiger hervor.
Wie der den Löwen erschaut,
Brüllt er laut,
Schlägt mit dem Schweif
Einen furchtbaren Reif,
Und recket die Zunge. Und im Kreise scheu
Umgeht er den Leu[1] –
Grimmig schnurrend.
Drauf streckt er sich murrend,
Zur Seite nieder.

Und der König winkt wieder.
Da speit das doppelt geöffnete Haus
Zwei Leoparden auf einmal aus.
Die stürzen mit mutiger Kampfbegier
Auf das Tigertier;
Das packt sie mit seinen grimmigen Tatzen,
Und der Leu mit Gebrüll
Richtet sich auf, da wird's still.
Und herum im Kreis
Von Mordsucht heiß
Lagern die gräulichen Katzen.

Da fällt von des Altans[2] Rand
Ein Handschuh von schöner Hand
Zwischen den Tiger und den Leu'n
Mitten hinein.

Und zu Ritter Delorges spottenderweis
Wendet sich Fräulein Kunigund:
„Herr Ritter, ist Eure Lieb' so heiß ...
Wie Ihr mir's schwört zu jeder Stund,
Ei, so hebt mir den Handschuh auf!"

Und der Ritter, in schnellem Lauf,
Steigt hinab in den furchtbar'n Zwinger –
Und aus der Ungeheuer Mitte
Nimmt er den Handschuh mit keckem Finger.

Und mit Erstaunen und mit Grauen
Sehen's die Ritter und Edelfrauen.
Und gelassen bringt er den Handschuh zurück.
Da schallt ihm sein Lob aus jedem Munde,
Aber mit zärtlichem Liebesblick –
Er verheißt ihm sein nahes Glück –
Empfängt ihn Fräulein Kunigunde.
Und er wirft ihr den Handschuh ins Gesicht:
„Den Dank, Dame, begehr ich nicht!"
Und verlässt sie zur selben Stunde.

1 Löwe
2 eine Art Balkon

Du möchtest noch weiter üben? Hier findest du einige weitere Vorschläge.

Schreibe eine Erlebniserzählung über ...

- ... ein besonderes Erlebnis in den Ferien.
- ... ein besonderes Erlebnis auf einer Klassenfahrt.
- ... einen verrückten Traum.
- ... ein besonderes Erlebnis mit einem Tier.

Der Bewertungsbogen in der Lösung zu **Test 11** hilft dir, deine Erzählung zu beurteilen und gegebenenfalls zu verbessern.

Von 42 Punkten hast du ____ erreicht.

Informieren

Das Wichtigste im Überblick

Informierende Texte kennst du bereits aus der Grundschule, doch wahrscheinlich kommen in der Unterstufe einige Neuerungen hinzu. Es gibt verschiedene Arten von informierenden Texten. In der Schule werden dir am häufigsten die **Vorgangsbeschreibung** und der **Bericht** begegnen.

Zeiteinteilung

Meist bekommt man **45–60 Minuten** Zeit, um einen **informativen Text** zu verfassen.
Die folgende Zeiteinteilung kann dir als Orientierung dienen:

- **10** Minuten für die **Planung**
- **5** Minuten für die **Einleitung**
- **20** Minuten für den **Hauptteil**
- **5** Minuten für den **Schluss**
- **5** Minuten zur **Überarbeitung**

Nimm dir unbedingt die Zeit, deinen Aufsatz noch einmal genau zu lesen. Es ist immer besser, du findest die Fehler und nicht der Lehrer oder die Lehrerin!

Die Vorgangsbeschreibung

Aufbau

Eine Vorgangsbeschreibung besteht aus **Überschrift**, **Einleitung**, **Hauptteil** und **Schluss**. Sie soll einer anderen Person helfen, einen Vorgang (z. B. Rezept, Bastelanleitung, Experiment) genau **nachmachen** zu können. Daher musst du alle Schritte **genau** und in der **richtigen Reihenfolge** wiedergeben. Erstelle vor dem Schreiben immer einen **Schreibplan**, in dem die **wichtigsten Schritte** enthalten sind.

Schreibstil

In einer Vorgangsbeschreibung informierst du deine Leser **sachlich** und in einer **unpersönlichen** Sprache. Statt „Ich schneide einen Apfel." schreibst du „Man schneidet ..." oder „Der Apfel wird geschnitten." Je nachdem, wen du ansprichst, ist auch „Du schneidest ..."/"Ihr schneidet ..." möglich. Häufig wird zudem der **Imperativ*** verwendet („Schneide den Apfel."). Wähle möglichst Fachbegriffe. Es wird **keine Spannung** aufgebaut. Die einzelnen Schritte müssen jedoch sprachlich verknüpft werden, sodass ein **roter Faden deutlich** wird. Relevant ist zudem die Zielgruppe. Eine Vorgangsbeschreibung für die Tante klingt anders als eine für die Schülerzeitung.

*Der **Imperativ** ist die Aussageform des Verbs (Modus), weitere sind der **Indikativ** („Du schneidest.") und der **Konjunktiv** („Du würdest schneiden.").

Überschrift

Die Überschrift sollte das **Ergebnis** deutlich machen, z. B. „Zaubertinte herstellen" oder „Einen Milchreis kochen".

Einleitung

Die Einleitung enthält die Informationen darüber, **was** gebraucht wird (Schere, Kochtopf ...) und **wer** mithelfen sollte (Braucht man eine erwachsene oder zwei Personen?).
Manchmal wird die Vorgangsbeschreibung in einen anderen Text eingebettet, z. B. in einen Brief. Dann solltest du kurz darauf eingehen, **warum** du dieser Person die Beschreibung schickst.

Hauptteil

Der Hauptteil enthält **alle Schritte**, die benötigt werden, um zu einem korrekten Ergebnis zu kommen. Wichtig ist, dass sie in der **richtigen Reihenfolge** angeordnet werden.

Schluss

Im Schluss wird noch einmal deutlich, welches **Ergebnis** erzielt wird. Zudem kann er zusätzliche **Vorschläge** enthalten, z. B. was man zum Milchreis dazu essen könnte oder wie man ihn besonders schön anrichtet. In einem Brief ist natürlich ein persönlicher Gruß nicht zu vergessen.

Tempus

Die Vorgangsbeschreibung wird im **Präsens** verfasst, da jeder den Vorgang zu jeder Zeit wiederholen kann.

Weitere Formen der Beschreibung

Nicht nur **Vorgänge** können beschrieben werden, sondern auch **Personen**, **Tiere** und **Gegenstände**. Die Beschreibung kann hier als Steckbrief oder in Form eines Fließtextes gefordert werden. Gehe dabei logisch vor und beschreibe das Tier, den Gegenstand oder die Person z. B. von oben bis unten oder von vorne nach hinten und so exakt wie möglich. Wichtig ist die Verwendung treffender Verben (z. B. aufweisen, besitzen) und abwechslungsreicher Adjektive. Folgende Informationen sollten enthalten sein:

Tierbeschreibung

- Aussehen des Tieres (Farbe des Fells, Muster usw.)
- Größe und Gewicht
- Gestalt
- Lebensraum
- Lebensweise
- Nahrung
- Verhalten
- Besonderheiten

Falls bekannt:

- Lebensdauer
- Feinde
- wissenschaftlicher Name
- Eignung als Haustier ...

Gegenstandsbeschreibung

- Art bzw. Name des Gegenstands
- Größe
- Form
- Farbe/Muster
- Material
- evtl. verschiedene Bestandteile
- Marke
- Besonderheiten

Personenbeschreibung

- Name der Person
- Alter
- Größe und Gewicht
- Aussehen (Haar- und Hautfarbe, Figur)
- Kleidung
- Besonderheiten (Brille, Tattoo, Narbe usw.)
- Evtl. typische Verhaltensweisen
- Evtl. Aufenthaltsort

Der (Unfall-)Bericht

Aufbau

Auch der Bericht besteht aus **Überschrift**, **Einleitung**, **Hauptteil** und **Schluss**. Es gibt **keinen Spannungsbogen**, daher geht man **chronologisch** vor, das heißt, der Reihenfolge des Vorgehens bzw. der Ereignisse nach. Erstelle vor dem Schreiben immer einen **Schreibplan**, in dem die **wichtigsten Schritte** enthalten sind. Meist bietet sich hier eine Tabelle mit den W-Fragen an.

Schreibstil

In einem Bericht informierst du deine Leserschaft **sachlich** und **neutral**, also ohne Bewertung oder persönliche Gefühle. Sie soll nachvollziehen können, was passiert ist, ohne selbst dabei gewesen zu sein. Es finden sich **nur die wichtigsten Informationen** und keine Ausschmückungen. Der Bericht wird in einer neutralen **Er-/Sie-Perspektive** verfasst. Achte auf eine **abwechslungsreiche Wortwahl** und **vermeide Wiederholungen**. Relevant ist zudem die Zielgruppe. Ein Bericht für die Schülerzeitung klingt anders als einer für die Polizei.

Tempus

Ein Bericht wird immer im **Präteritum** (1. Vergangenheit) verfasst. Solltest du Ereignisse erwähnen, die vor der Haupthandlung des Berichts geschehen sind, so benutzt du das **Plusquamperfekt**. Im Schluss kann auch das **Futur** benutzt werden (z. B. „Er wird seinen Fuß erst in einem Monat wieder belasten können.").

Überschrift

Nicht vergessen, auch informierende Texte brauchen eine Überschrift! Diese sollte **zum Thema passen** und den **Inhalt verdeutlichen**. Nur „Der Verkehrsunfall" reicht nicht aus.

Einleitung

In deiner Einleitung sollten immer die folgenden W-Fragen beantwortet werden:

- **Was** ist geschehen?
- **Wer** war beteiligt?
- **Wann** ist es geschehen?
- **Wo** ist es geschehen?

Manchmal wird auch gefordert, dass die **Folgen** knapp angedeutet werden.

Hauptteil

Der Hauptteil beantwortet die folgenden W-Fragen:

- **Wie** ist der Unfall passiert/hat sich das Ereignis zugetragen?
- **Warum** kam es zu dem Unfall/dem Ereignis?

Bei **Zeugenaussagen** muss klar werden, dass es sich um eine solche handelt. Schreibe z. B. „Laut Zeugenaussage von ..." Sind diese umgangssprachlich, so musst du sie in einen sachlichen Stil umformulieren. Es darf zudem **nur indirekte Rede** verwendet werden.

Schluss

Im Schluss wird noch eine letzte Frage beantwortet:

- **Welche Folgen** hatte der Unfall/das Ereignis/das Erlebnis?

14. Kurztest: Vorgangsbeschreibung

1 Richtig oder falsch? Vor dem eigentlichen Schreiben sollte ich mir genau überlegen, ...

	richtig	falsch
... welche Zutaten/Gegenstände man braucht.	○	○
... wann ich das gekochte Gericht das nächste Mal essen möchte.	○	○
... ob man bei der Durchführung die Hilfe einer zweiten Person benötigt.	○	○
... wer der Held meiner Geschichte ist.	○	○
... in welcher Reihenfolge man am besten vorgeht.	○	○

☐ /5

2 **Richtig oder falsch? Die Einleitung sollte …**

	richtig	falsch
… deutlich machen, für wen die Beschreibung geeignet ist.	○	○
… alles aufzählen, was gebraucht wird.	○	○
… Tipps für die Dekoration enthalten.	○	○

☐ /3

3 **Richtig oder falsch? Der Hauptteil sollte …**

	richtig	falsch
… im Präteritum verfasst werden.	○	○
… wörtliche Rede enthalten.	○	○
… aus der Ich-Perspektive verfasst werden.	○	○
… sachlich und unpersönlich verfasst werden.	○	○

☐ /4

4 **Richtig oder falsch? Der Schluss …**

	richtig	falsch
… sollte das Ergebnis deutlich machen.	○	○
… kann zusätzliche Tipps und Vorschläge enthalten.	○	○

☐ /2

5a **Welche der folgenden Sätze passen gut in eine Vorgangsbeschreibung zum Thema „Nudelsalat"? Kreuze an.** ☐ /7

5b **Passen die markierten Sätze in die Einleitung, den Hauptteil oder den Schluss? Schreibe den richtigen Aufsatzteil dahinter. Wenn der Satz unpassend ist, lässt du das Feld frei.** ☐ /5

	passend	unpassend	Aufsatzteil
Wer keinen Nudelsalat mag, kann sich eine Pizza machen.	○	○	
Zunächst muss man die Nudeln kochen.	○	○	
Dann schüttete ich die Nudeln in das blubbernde Wasser und sah zu, wie sie umherschwammen.	○	○	
Für die Zubereitung braucht man einen Topf, ein Sieb, ein Brett und ein Messer.	○	○	
Das kleingeschnittene Gemüse wird mit den Nudeln vermischt.	○	○	
Der Nudelsalat eignet sich sehr gut als Beilage zu Grillgerichten.	○	○	
Am Ende kann man den Salat noch mit Kräutern dekorieren.	○	○	

Von 26 Punkten hast du ____ erreicht.

15. Eine Vorgangsbeschreibung mit Hilfe verfassen

Verfasse zur folgenden Einleitung einen Hauptteil, der Schritt für Schritt beschreibt, wie man einen Backpulvervulkan bastelt. Orientiere dich dabei an den Bildern.

Das Backpulver-Vulkan-Experiment

Um zu Hause einen eigenen kleinen Vulkan ausbrechen zu lassen, benötigt man die folgenden Materialien: ein Tablett oder eine andere wasserdichte Unterlage, die schmutzig werden darf, einen Teller, eine Schere, zwei Gläser (ca. 0,4 ml), Alufolie, Klebeband, ein halbes Glas Essig, ein halbes Glas Wasser, drei Päckchen Backpulver, eine Tube rote Lebensmittelfarbe und einen Spritzer Spülmittel.

Von 17 Punkten hast du ____ erreicht.

16. Eine Vorgangsbeschreibung verfassen

1 **Deine Freundin bittet dich, ihr das Rezept für den leckeren Flammkuchen mit Ziegenkäse aufzuschreiben, den sie bei dir und deinen Eltern gegessen hat. Bringe die Arbeitsschritte dazu zunächst in eine sinnvolle Reihenfolge, indem du die passenden Ziffern in die Kästchen einträgst.**

FLAMMKUCHEN MIT ZIEGENKÄSE

Zutaten:	**Küchengeräte und -werkzeuge:**
200 g Mehl	Schneidebrett
2 EL (Esslöffel) Öl	Messer
125 ml Wasser	Esslöffel
200 g Crème fraîche	Teelöffel
200 g rote Zwiebeln	Rührschüssel
200 g Ziegencamembert oder Ziegenrolle	Backblech mit Backpapier oder Pizzastein
3 EL Rosmarin, frisch, fein gehackt	Rührgerät mit Knethaken oder Hände
2 EL flüssiger Honig	Messbecher
Salz und Pfeffer	Küchenwaage

Zubereitung:

☐ Rosmarinblättchen über alles streuen.

☐ Teig dünn auf dem Backblech/Pizzastein ausrollen.

☐ Zuletzt den flüssigen Honig mit einem Teelöffel in dünnem Strahl über den Käse geben.

☐ Mehl und Wasser abmessen. Mit dem Öl und Salz in eine Rührschüssel geben.

☐ Zwiebeln in sehr dünne Ringe schneiden und auf der Crème fraîche verteilen.

☐ Die Crème fraîche vor dem Verstreichen leicht salzen und pfeffern.

☐ Alles zu einem geschmeidigen, nicht mehr klebenden Teig verarbeiten, evtl. noch etwas Mehl hinzufügen, falls Teig zu klebrig.

☐ Backen, bis der Rand schön braun ist und der Käse anfängt zu zerlaufen.

☐ Crème fraîche auf dem Teig mit einem Esslöffel verstreichen, ca. 1 cm Rand freilassen.

☐ Den Flammkuchen auf höchster Stufe bei Ober-/Unterhitze 15 bis 20 Minuten backen.

☐ Den Ziegenkäse in dünne Scheiben (ca. 0,5 cm) schneiden und ebenfalls auf den Flammkuchen legen.

☐ Tipp: Schmeckt statt mit Ziegenkäse auch sehr gut mit halbierten Kirschtomaten, Rucola und Parmesan. Dann alles, was nach der Crème fraîche kommt, weglassen.

☐ /6

2 **Verfasse nun eine vollständige Vorgangsbeschreibung, mit deren Hilfe man den Flammkuchen backen kann.**

☐ /52

Der Bewertungsbogen im Lösungsteil soll dir helfen, deine Beschreibung selbst zu beurteilen und gegebenenfalls zu verbessern.

Von 58 Punkten hast du ____ erreicht.

17. Eine Vorgangsbeschreibung verfassen

Andi hat folgende E-Mail bekommen:

Von: Matthias 14 m

Betreff: Schokomuffins

Hi Andi,
du hast an deinem Geburtstag doch diese superleckeren Schokomuffins mit in die Schule gebracht. Ich wünsche mir die von meiner Mama zum Geburtstag und sie hat gemeint, ich soll dich nach dem Rezept fragen. Würdest du es mir bitte mailen? Nächsten Samstag gibt es dann bei mir daheim eine kleine Feier. Ich würde mich freuen, wenn du auch kommst.
Bis morgen in der Schule, Matthias

Andi läuft gleich nach nebenan zu seiner Oma, um sie nach dem Rezept für ihre berühmten Schokomuffins zu fragen. Es kommt zu dem folgenden Gespräch. Hilf Andi, eine Antwort-E-Mail mit einer passenden Vorgangsbeschreibung zu verfassen.

Andi: „Hallo Oma, ein Freund aus der Schule war total begeistert von deinen Schokomuffins, die ich am Geburtstag dabei hatte. Würdest du mir das Rezept verraten?"

Oma: „Das freut mich sehr, Andi, natürlich bekommst du das Rezept von mir, hör gut zu: Zunächst brauchst du eine ganze Butter, also 250 g, und die gleiche Menge Zucker. Beides verrührst du mit dem Rührgerät in einer Schüssel."

Andi: „Woher weiß ich, wann ich genug gerührt habe?"

Oma: „Wenn das ganze leicht schaumig wird, kannst du aufhören. Aber rühre lieber etwas zu lang als zu kurz. Dann kommen noch vier Eier in die Schüssel und du musst noch einmal ordentlich rühren. Pass aber auf, dass keine Schale in den Teig fällt."

Andi: „Okay soweit, aber wo bleibt die Schokolade?"

Oma: „Die kommt im nächsten Schritt. Jetzt musst du je zwei Teelöffel Kakao und Zimt abmessen und in die Schüssel geben. Aber richtigen Kakao, keinen Kaba, sonst wird es zu süß. Richtige Schokolade kommt aber natürlich auch noch mit hinein, sonst wären es ja keine Schokomuffins. Hier brauchst du 100 g. Du kannst entweder normale Schokolade kleinhacken oder du machst es dir einfach und nimmst gleich Schokoraspeln. Ich würde dir Zartbitterschokolade mit mindestens 60 % Kakao empfehlen, eher 70 %. Jetzt rührst du noch einmal kurz durch."

Andi: „Klingt einfach, und dann ab in den Ofen?"

Oma: „Fast, ohne Mehl kommen die Muffins nicht aus. Hier brauchst du die gleiche Menge wie von Butter und Zucker. Hinzu kommt noch ein ¾ Päckchen Backpulver. Im Wechsel mit dem Mehl gebe ich auch noch immer 250 ml Rotwein in den Teig, dadurch wird er schön saftig. Wichtig ist, dass du jetzt nur noch so lange rührst, bis alles vermengt ist. Nur so bleibt der Teig locker."

Andi: „Oh, aber dann ist ja Alkohol in den Muffins … und ich habe die mit in die Schule genommen!"

Oma: „Keine Sorge, Andi, der Teig kommt ja noch bei 180° C in den Ofen, danach ist vom Alkohol nichts mehr zu spüren. Bei Muffins reichen ca. 25 Minuten. Ursprünglich ist es übrigens ein Kuchenrezept. Ein Kuchen braucht ca. 50 Minuten. Die Menge reicht für 24 Muffins oder eine Kasten- oder Gugelhupfform. Eine Backform stellt man natürlich nicht direkt in den Ofen, sondern auf ein Backblech, aber das weißt du ja sicher."

Andi: „Für noch mehr Schokogeschmack kommt zum Schluss noch eine Schokoglasur oben drauf."

Oma: „Ja, aber erst, wenn die Muffins kalt sind. Man kann aber auch Puderzucker darüber streuen."

Andi: „Danke Oma, ich bin gespannt, ob Matthias' Mama die Muffins so gut hinbekommt wie du!"

Der Bewertungsbogen in der Lösung zu **Test 16** soll dir helfen, deine Erzählung selbst zu beurteilen und gegebenenfalls zu verbessern.

Hast du ein Lieblingsgericht? Dann versuche die Zubereitung doch einmal so genau wie möglich zu beschreiben.

Von 50,5 Punkten hast du _____ erreicht.

18. Eine Vorgangsbeschreibung überarbeiten

Emil hat von seinen Freunden in der Schule das Kartenspiel „Mau-Mau" gelernt. Beim Abendessen erzählt er seinen Eltern und seinem Bruder Max davon:

„‚Mau-Mau' ist wirklich super, das müssen wir unbedingt nach dem Essen ausprobieren", erzählt Emil begeistert. „Wie funktioniert das Spiel denn und was brauchen wir dafür?", fragt seine Mutter. „Also erst mal muss man die Karten mischen, dann bekommt jeder, der mitspielt, fünf Karten. Ich musste beim ersten Mal noch einmal mischen, weil ich Karin aus Versehen sechs Karten gegeben habe. Sie hat gleich ziemlich rumgezickt deswegen, als ob das Absicht war ... Gewonnen hat der, der zuerst keine Karten mehr auf der Hand hat. Wir haben dann noch ausgemacht, dass immer der linke Nachbar des Gebers den Stapel einmal abhebt, damit niemand beim Mischen schummelt. Du brauchst das also gar nicht versuchen, Max. Die übrigen Karten haben wir verdeckt auf den Tisch gelegt, nur die oberste drehten wir um und legten sie daneben. Das ist gleich die erste Karte des Spiels. Bei mir war es eine Sieben, deshalb musste Bene, der links neben mir saß, gleich zwei Karten ziehen. Gespielt haben wir gegen den Uhrzeigersinn. Jeder, der an der Reihe war, musste eine passende Karte auf den offenen Stapel legen. Die gespielte Karte musste immer mit der obersten Karte auf dem Stapel übereinstimmen, also wenn dort z. B. die Herz 9 lag, konnte man entweder eine Herzkarte oder eine 9 darauf legen. Wenn man keine passende Karte hat, muss man eine vom verdeckten Stapel ziehen. Besonders toll sind Buben, die darf man nämlich immer legen und sich dann eine Farbe wünschen. Karin hatte gleich zwei davon. Wenn man die vorletzte Karte ablegt, muss man ‚Mau' sagen und bei der letzten ‚Mau-Mau'. Leon hat das vergessen und sich sehr geärgert, weil er dann zwei neue Karten ziehen musste, dadurch wurde es noch mal richtig spannend. Ach ja, bei der 8 gibt es noch eine Sonderregel, da muss der nächste Spieler aussetzen. Habt ihr Lust, das gemeinsam zu spielen?"

1 **Die folgende mündliche Beschreibung eines Kartenspiels macht zwar deutlich, wie dieses funktioniert, dennoch unterscheidet sie sich von einer Vorgangsbeschreibung. Markiere alle relevanten Informationen.** ☐ /10

2 **Schreibe in die Tabelle, inwiefern sich Emils Erzählung in den aufgeführten Punkten von einer Vorgangsbeschreibung unterscheidet.**

	Emil	Vorgangsbeschreibung
Aufbau		
Reihenfolge		
Schreibstil		
Anredeform		
Aussageform des Verbs		
Wortwahl		
Tempus		

☐ /14

3 **Überarbeite Emils Bericht, sodass er eine korrekte Vorgangsbeschreibung von sich gibt. Emil hat mit einem Kartenset von 32 Karten gespielt, mit dem sogenannten französischen Blatt.** ☐ /42,5

Der Bewertungsbogen im Lösungsteil zu **Test 16** soll dir helfen, deine Beschreibung zu beurteilen und gegebenenfalls zu verbessern.

Von 66,5 Punkten hast du ____ erreicht.

19. Tierbeschreibung

1 **Verfasse eine genaue Beschreibung eines Okapis. Orientiere dich an der Abbildung und den zusätzlichen Informationen, die du aber noch in eine sinnvolle Reihenfolge bringen musst. Gehe davon aus, dass der Leser oder die Leserin noch nie etwas von diesem Tier gehört hat.**

Das Okapi ...

- wird auch „Waldgiraffe" genannt.
- zählt zur Familie der Paarhufer.
- ist sehr scheu.
- wird durchschnittlich 2,50 m groß und wiegt zwischen 210 und 280 kg.
- lebt in den Regenwäldern Zentralafrikas.
- hat folgende Feinde: Raubkatzen, Mensch (Jagd, Abholzung des Regenwalds).
- ist tagaktiv.
- frisst vor allem Pilze, Blätter, Knospen und junge Triebe.
- hat eine Lebenserwartung von 20 Jahren, in Zoos bis 33.
- hat eine blaue Zunge.
- ist Einzelgänger, aber zur Paarungszeit auch in kleinen Familien unterwegs.
- ist vom Aussterben bedroht.

☐ /34

2 **Verfasse auf Grundlage des folgenden Textes einen Steckbrief über den Feldhamster. Verhalten und Besonderheiten solltest du in ganzen Sätzen ausformulieren, der Rest wird stichwortartig zusammengefasst.**

Feldhamster fressen, was das Zeug hält.
Ihr Appetit machte einst viele Bauern wütend.

Feldhamster

Kleine Kerle, große Sorgen: Jahrzehntelang futterten Feldhamster die Äcker kahl. Dann wurden sie als Schädlinge bekämpft und fast ausgerottet.

Allgemeines zum Feldhamster

Der Feldhamster, wissenschaftlich Cricetus cricetus, ist an sich ein zähes Kerlchen. Mehr als doppelt so groß wie der berühmte Goldhamster, galt er in Westeuropa einst als Schrecken aller Getreidebauern. Zu Gesicht bekamen sie den knopfäugigen Vielfraß zwar selten – Feldhamster verkriechen sich 90 Prozent ihres Lebens im Bau.

Umso erstaunlicher, was sie in der restlichen Zeit alles anstellen: Vor allem nachts futtern sie sich die Bäuche voll. In ihren Backentaschen, die bis zu den Schultern reichen, bunkern sie den Rest der Beute: Rüben, Möhren, Kartoffeln, Klee, Getreidekörner. Bis in die 1980er Jahre hinein waren so große Hamster-Horden unterwegs, dass auf Feldern und Äckern oft riesige kahle Stellen entstanden.

Heute schaden vor allem die Bauern den Hamstern, nicht umgekehrt. Der Mais hat in den vergangenen Jahren alles kaputt gemacht. Immer mehr Bauern pflanzen die gelben Kolben auf ihren Feldern an, im Elsass sind 80 Prozent aller Ackerflächen voll damit. Mais bringt nämlich mehr Geld als etwa Weizen oder Hafer.

Nur: Für Hamster sind Maisfelder ein Graus. Wenn die Tiere nach dem Winterschlaf aus ihrem Bau krabbeln, ist der Boden noch ratzekahl. Gesät wird frühestens im April. Ohne Deckung werden die Hamster innerhalb von Minuten gefressen. Raubvögel erbeuten sie, noch bevor die Nager im Frühling Nachwuchs bekommen. So kann der Bestand einer ganzen Region in wenigen Jahren verschwinden.

Feldhamster leben in Europa und in Westasien.

Lebensraum des Feldhamsters

Feldhamster leben auf Wiesen, Äckern und Steppen in vielen Teilen Europas und im Westen von Asien. Verzweigte Baue unter der Erde bieten ihnen Schutz. Meist krabbeln die Tiere nur im Dunkeln aus den Röhren. Von Oktober bis März halten sie Winterruhe.

Größe und Gewicht des Feldhamsters

Als größte Hamsterart messen Feldhamster bis zu 30 Zentimeter und wiegen bis zu 500 Gramm – viermal so viel wie Goldhamster. Ihr Fell ist am Rücken braun gefärbt, am Bauch meist dunkel. An den Flanken und Wangen haben die Tiere weiße Flecken.

Was der Feldhamster frisst

Feldhamster fressen am liebsten Getreidekörner, Klee, Früchte, Wurzeln und Kartoffeln, aber auch Insekten, Würmer, Schnecken und Frösche.

Nachwuchs beim Feldhamster

Zwischen April und Juli kann ein Hamsterweibchen bis zu dreimal Nachwuchs bekommen. Ein Wurf besteht aus etwa fünf Jungen, die blind und nackt zur Welt kommen. Die Mutter säugt sie drei Wochen lang. Danach sind die Kleinen selbstständig. Die natürliche Lebenserwartung beträgt 1,5–2,5 Jahre.

Vom Aussterben bedroht

In Frankreich versuchen Tierschützer nun, die Nager wieder anzusiedeln. Und buddeln sogar „Wohnungen" für sie. Der kleine Nager macht ihnen große Sorgen. Ohne Hilfe wäre er in Deutschland, in den Niederlanden und Frankreich wohl längst ausgestorben. Es gab sogar bezahlte Hamsterjäger, die den Tieren nachstellten. Sie legten Fallen aus oder ertränkten die Hamster in ihren Röhren. Millionen Felle wurden anschließend zu Decken und Mänteln verarbeitet. Weil Politiker nichts gegen das Hamstersterben unternahmen, klagte Jean-Paul Burget vor dem Europäischen Gerichtshof in Luxemburg. Frankreich drohten danach Geldstrafen in Millionenhöhe, sollte das Land sich nicht endlich um die Hamster kümmern. Nun steckt die Regierung jedes Jahr 500 000 Euro in ein Schutzprojekt – macht aktuell 1000 Euro pro Feldhamster. Der Schädling von einst ist wertvoll geworden! /28

Von 62 Punkten hast du ____ erreicht.

Hast du ein Haustier? Dann versuche, es doch einmal so genau wie möglich zu beschreiben. Alternativ kannst du auch dein Lieblingstier beschreiben.

20. Gegenstandsbeschreibung

Matteo hat am Donnerstag, dem 26. Mai 2022, seinen Rucksack mit Inhalt verloren, vermutlich auf dem Sportplatz. Hilf ihm, eine passende Suchanzeige zu schreiben.

1 **Sieh dir den Rucksack genau an und trage die Merkmale in die Tabelle ein. Achte dabei vor allem auf treffende Adjektive.**

Art bzw. Name des Gegenstands	
Größe	
verschiedene Bestandteile	
Muster	
Farbe	
Material	
Besonderheiten	
Inhalt	

/8

2 **Verfasse nun die vollständige Suchanzeige. Die Beschreibung sollte in ganzen Sätzen verfasst sein und folgende Bestandteile haben: Überschrift, Eigentümer, Angabe des Verlustortes und -tages und Beschreibung des Gegenstands und Inhalts.** /29

Der Bewertungsbogen im Lösungsteil soll dir helfen, deine Beschreibung selbst zu beurteilen und gegebenenfalls zu verbessern.

Von 37 Punkten hast du ____ erreicht.

21. Personenbeschreibung

1 Auf dem abgedruckten Gemälde siehst du das sogenannte „Mädchen mit dem Perlenohrgehänge" des niederländischen Malers Jan Vermeer. Er malte das Portrait im Jahr 1665 mit Öl auf Leinwand. Beschreibe das Mädchen nun so genau, dass auch jemand, der das Bild nicht kennt, die Person genau vor Augen hat.

Jan Vermeer (oder auch Johannes Vermeer) lebte von 1632 bis 1675 und war einer der populärsten niederländischen Maler des 17. Jahrhunderts. Sein erhaltenes Werk umfasst knapp 40 Gemälde. Berühmtheit erlangte er insbesondere durch jene Bilder, auf denen er Alltagsszenen festhielt. Für seine Zeit war das ungewöhnlich: Die meisten Künstler malten Bilder, die historische oder religiöse Szenen abbildeten. Das „Mädchen mit dem Perlenohrgehänge" ist eines der bekanntesten Gemälde Jan Vermeers. Das Bild trug nicht immer diesen Namen. Ursprünglich wurde es Meisje met tulband (deutsch: Das Mädchen mit dem Turban) genannt. Es ist im Mauritshuis, einem Museum in Den Haag (Niederlande), ausgestellt.

☐ /23

Der Bewertungsbogen im Lösungsteil soll dir helfen, deine Beschreibung selbst zu beurteilen und gegebenenfalls zu verbessern.

2 In folgenden Ausschnitten aus Tonke Dragts Roman „Der Brief für den König" erfährst du einiges über den Bösewicht Slupor sowie den Helden des Buches, Tiuri. Fertige für beide eine möglichst genaue Personenbeschreibung an.

Der rote Reiter Jaro warnt Tiuri vor Slupor, nachdem ihm dieser das Leben gerettet hat:

„Wir sahen die Gesellschaft auseinandergehen. Ich musste euch folgen, und ein anderer ging der Gruppe nach, die auf dem Westweg ritt. [...] Zwei graue Ritter, ein Schildknappe und ein Jüngling auf einem schwarzen Pferd. Wir dachten zuerst, wir müssen diesen haben, aber als wir euch allein den Blauen Fluss entlang gehen sahen, begannen wir zu zweifeln, und so folgte ich euch. Nun, ich wusste sogleich, dass Ihr derjenige seid, den wir haben mussten." „Wie denn?", unterbrach ihn Tiuri. „Ich erkannte Euch. Ich war einer der roten Reiter, die euch im Wald von König Dagonaut verfolgten. [...]" „Der andere, der geschickt wurde, weiß bald, dass er den falschen Leuten folgt", sagte er. „Aber dann kehrt er nicht zurück, nein, er versucht weiter, euch zu finden, denn das ist sein Auftrag und seine Absicht. Vielleicht reist er euch noch nach; vielleicht versucht er, vor euch jenseits der Berge zu sein und auf der anderen Seite zu warten. Ja, er ruht nicht, bis er euch gefunden hat. Er ist nicht wie ich. Wenn ihr ihn aus der Schlucht geholt hättet, so hätt' er euch nachher hinabgestoßen, ohne zu zögern, er ist der beste Spion und der schlechteste Mensch, den ich kenne. [...] Er ist listig und verschlagen und geht niemand und nichts aus dem Weg." „Wer ist er?", flüsterte Tiuri. „Niemand kennt seinen wahren Namen, aber wir nennen ihn Slupor. Nehmt euch vor ihm in Acht!" „Wie sieht er aus?" Jaro zuckte die Schultern. „Manchmal ist er ein roter Reiter", erwiderte er, „manchmal ein gewöhnlicher Soldat. Meistens ist er ein Spion; dann könnt ihr ihm in allen Gestalten begegnen. Wie er aussieht? Nicht groß, nicht klein, nicht alt, nicht jung, weder blond noch dunkel. Nur die Augen können ihn verraten; die sind falsch und böse wie bei einer Schlange. Wir haben ihn alle gefürchtet, ja, manchmal hatten wir Angst, wir würden ebenso schlecht wie er."

Kurze Zeit nach dem Gespräch versucht Tiuris treuer Gefährte Piak mehr über Tiuri herauszufinden.

„Wer seid Ihr?" fragte er [Piak] leise. „Wer ich bin?", fragte Tiuri verblüfft. „Seid Ihr ein Ritter mit einem Auftrag?" „Wie kommst du darauf?" fragte Tiuri. „Oh, ich vermutete schon gleich, dass Ihr kein gewöhnlicher Wanderer seid. Ich sah Euer Panzerhemd bei Menaures in der Kiste. [...] Ich versteh' nicht alles, von dem, was dieser Jaro euch gesagt hat, aber doch etwas", sprach er leise. „Ihr habt einen Brief für den König Unauwen, und Jaro oder seine Meister wollen nicht, dass der König ihn erhält. Und sie haben einen gewissen Slupor nachgeschickt; eine listige Schlange könnte man ihn nennen. [...] Ihr sagt nichts", fuhr er nach kurzem Schweigen fort. „Ihr dürft nicht reden, natürlich." Tiuri schaute ihn an und fühlte, dass er froh wurde. Piak, dachte er, war nicht nur ein Führer und Reisekamerad, sondern auch ein Freund.

„Ritter Tiuri", unterbrach Piak, „Tiuri der Tapfere! Ist das dein Vater?" "Wie kommst du dazu ...", begann Tiuri, antwortete dann aber: „Ja, er ist mein Vater." „Dann bist du also doch ein Ritter, nicht?" „Ich war der Page meiner Mutter und der Schildknappe des Vaters", berichtete Tiuri. Er lächelte im Dunkeln bei der Erinnerung an die glücklichen Jahre in Tehuri. „Als ich dreizehn war, wurde ich Schildknappe von Ritter Fartumar", fuhr er fort. „Ritter Fartumar", wiederholte Piak ehrfürchtig. „Dann kam ich zu König Dagonaut in den Dienst", erzählte Tiuri. „Das muss jeder, der Ritter werden will." „Und wann wirst du zum Ritter geschlagen?" „Ich könnte schon Ritter sein", erwiderte Tiuri. „Aber jetzt weiß ich nicht, ob ich es noch werde. Ich habe die Vorschriften übertreten, und der König ist streng. [...]" Er erzählte Piak von der Nachtwache in der Kapelle*, von der Stimme, die bat zu öffnen, von dem Unbekannten, der ihm den Brief für den schwarzen Ritter mit dem weißen Schild gab. Er erzählte, wie er den Ritter sterbend angetroffen und den Auftrag übernommen hatte, dem König Unauwen einen Brief zu bringen.

aus: „Der Brief für den König" von Tonke Dragt

/10

*Die Nacht vor dem Ritterschlag verbringen die fünf Anwärter gemeinsam in einer Kapelle. Sie dürfen nicht miteinander sprechen und keinen Kontakt zur Außenwelt haben. Sie sollen die Zeit nutzen, um über ihre zukünftigen Pflichten als Ritter nachzudenken. Als es klopft und jemand mehrmals eindringlich bittet, die Türe zu öffnen, folgt Tiuri der Aufforderung, da er niemand in Not im Stich lassen möchte. Der Mann vor der Tür überzeugt Tiuri, ihm zu helfen, und so bekommt er seinen Auftrag.

Von 33 Punkten hast du ____ erreicht.

22. Kurztest: (Unfall-)Bericht

1 Richtig oder falsch? Vor dem eigentlichen Schreiben sollte ich mir genau überlegen, ...

	richtig	falsch
... was wichtig ist und was nicht.	○	○
... für wen der Bericht gedacht ist.	○	○
... wie ich die Spannung am längsten aufrechterhalten kann.	○	○

/3

2 Richtig oder falsch? In der Einleitung sollten die folgenden Fragen beantwortet werden:

	richtig	falsch
Was ist passiert?	○	○
Wo ist es passiert?	○	○
Wie viel Schaden ist entstanden?	○	○
Wer war daran beteiligt?	○	○
Wann hat es sich ereignet?	○	○

/5

3 Richtig oder falsch? Der Hauptteil sollte …

	richtig	falsch
… nur im Präteritum verfasst werden.	○	○
… wörtliche Zitate aus der Zeugenaussage enthalten.	○	○
… deutlich machen, wie sich das Ereignis zugetragen hat.	○	○
… klären, wie es zu dem Ereignis kam.	○	○
… sachlich und ohne Spannung verfasst werden.	○	○
… im Präteritum und ggf. im Plusquamperfekt und im Futur verfasst werden.	○	○
… viele Adjektive enthalten.	○	○

☐ /7

4 Richtig oder falsch? Im Schluss sollte …

	richtig	falsch
… deutlich werden, welche Folgen das Ereignis hatte.	○	○
… die Meinung des Autors/der Autorin zum Ereignis geäußert werden.	○	○
… man Tipps und Vorschläge machen, wie so ein Ereignis verhindert werden könnte.	○	○
… eine Moral aufgeführt werden.	○	○

☐ /4

5a Welche der folgenden Sätze passen gut in einen Unfallbericht? Kreuze an.

☐ /8

5b Passen die markierten Sätze in die Einleitung, den Hauptteil oder den Schluss? Schreibe den richtigen Aufsatzteil dahinter. Wenn der Satz unpassend ist, lässt du das Feld frei.

☐ /4

	passend	unpassend	Aufsatzteil
Der Einbrecher versuchte zuerst, über das offene Fenster in die Wohnung zu gelangen.	○	○	
Der Polizist hetzte dem Einbrecher hinterher, doch dieser sprang blitzschnell über eine Hecke.	○	○	
In der Nacht von Dienstag auf Mittwoch ereignete sich in der Münchner Str. 13 ein Einbruchsversuch.	○	○	
Durch den Einbruchsversuch entstand ein Sachschaden in Höhe von 350 €.	○	○	
Scheinbar hatte der Einbrecher gar kein schlechtes Gewissen.	○	○	
Auch auf Nachfrage konnte mir die Polizei keine Informationen zum Verbleib der Beute geben.	○	○	
Der Nachbar wurde durch das Zerbrechen der Fensterscheibe auf den Einbrecher aufmerksam.	○	○	
Den armen Bewohnern ist zum Glück nichts passiert.	○	○	

Von 31 Punkten hast du ____ erreicht.

23. Einen Unfallbericht mit Hilfe verfassen

1a **Die Teile des Zeitungsberichts sind durcheinandergeraten. Bring sie in die richtige Reihenfolge.** /7,5

1b **Fülle die Lücken mit der korrekten Verbform.** /16,5

1 Pony scheut scheuen vor Schäferhund

( ) Beteiligt ______ sein eine elfjährige Schülerin auf ihrem Pferd sowie eine ältere Dame mit einem Schäferhund.

( ) Das Mädchen ______ reiten den Gottfried-Ben-Weg entlang und ______ wollen gerade in die Ulmenallee einbiegen, als es ein lautes Bellen ______ hören.

( ) Gegen 15.00 Uhr ______ verlassen die elfjährige Amelie Friese mit ihrem Pony Anni den Reiterhof „Pferdeglück" in Richtung Norfbach.

( ) Die Sanitäter ______ untersuchen die Verletzte noch am Unfallort.

( ) Kurz zuvor ______ verlassen Elisabeth Dackel mit ihrem Schäferhund Rocky ihr Haus im Gerhart-Hauptmann-Weg ______.

( ) Zwei weiteren Passanten ______ gelingen es schließlich, das Tier ______ beruhigen und ______ festhalten.

( ) In diesem Moment ______ schießen jedoch bereits Rocky um die Ecke, sodass Anni ______ scheuen und das Mädchen auf seinen linken Arm ______ stürzen.

( ) Rocky ______ entdecken eine Katze, ______ reißen sich von der Leine los und ______ rennen laut bellend in Richtung Ulmenallee.

( ) Der Sachschaden am parkenden Auto ______ betragen 500 €.

( ) Am gestrigen Freitag gegen 15.15 Uhr ______ ereignen sich im Neusser Stadtteil Norf ein Reitunfall mit einer Verletzten und Sachschaden.

( ) Amelie Friese ______ bemerken, wie ihr Pony aufgrund des Bellens unruhig ______ werden, und ______ versuchen daher ______ absteigen.

( ) Der Arm ______ müssen vermutlich drei Wochen ruhiggestellt ______.

( ) Frau Dackel ______ erreichen zeitgleich den Unfallort, ______ helfen Amelie Friese ______ aufstehen und ______ versuchen das Pferd ______ festhalten. Dieses ______ springt jedoch seitwärts und ______ beschädigen dabei ein parkendes Auto.

( ) Der Hund ______ zurückkehren selbstständig zu seiner Besitzerin ______. Frau Dackel ______ rufen mit ihrem Handy die Polizei und einen Krankenwagen.

( ) Bei Amelie Friese ______ feststellen ein gebrochener Arm sowie einige blaue Flecken ______.

Von 24 Punkten hast du ____ erreicht.

24. Einen Unfallbericht verfassen

Verfasse anhand der Skizze und der Zeugenaussagen einen vollständigen Bericht zu dem Vorfall aus einer neutralen Perspektive. Finde auch eine passende Überschrift.

Tipp: Erstelle vorab einen Schreibplan mit den wichtigsten Punkten.

Zeugenaussagen

Datum: Mittwoch, 11.01.2023
Ort: München-Pasing

Oli Neuer	15 Jahre	Radfahrer
Ich war auf dem Weg in die Schule, weil mittwochs um 16 Uhr mein Fußballtraining beginnt. So ein Mist, jetzt kann ich nicht am Turnier nächstes Wochenende teilnehmen. Zum Glück konnte ich noch ausweichen, aber weil es so rutschig war, bin ich trotzdem gestürzt. Mein Fahrrad ist dann noch ein Stück weitergerutscht und gegen das Auto geknallt.		

Kurt Neuer	45 Jahre	Vater von Oli
Das ist sehr ärgerlich, das schöne neue Rad! Das haben wir dem Oli doch gerade erst zum Geburtstag geschenkt, es hat 600 € gekostet! Oli konnte nichts dafür, an der Kreuzung herrscht Rechts vor Links, also hatte er Vorfahrt.		

Ralph Raser	65 Jahre	Fahrer des Audis
Ich bin die Turmstr. entlang gefahren und habe wegen des Lieferwagens an der Kreuzung zur Hauptstraße fast nichts gesehen und plötzlich war da dieser Junge auf seinem Rad, ich musste eine Vollbremsung machen. Wer fährt denn bei so einem Sauwetter auch mit dem Fahrrad in der Gegend herum! Außerdem hatte ich es eilig, weil ich dringend noch etwas einkaufen musste. Es war schon 15.45 Uhr und um 16.00 Uhr schließt die Konditorei. Wenn ich ohne Stollen nach Hause komme, macht mir meine Frau die Hölle heiß. Als ich den Jungen auf dem Boden liegen sah, habe ich natürlich sofort den Krankenwagen und die Polizei verständigt.		

Gulia Flocker	53 Jahre	Zeugin
Immer diese Raser! Unverantwortlich! Bei so einem Sauwetter fährt der wie ein Verrückter. Ich dachte mir schon, dass es da krachen wird. Zum Glück hatte der Junge einen Helm auf.		

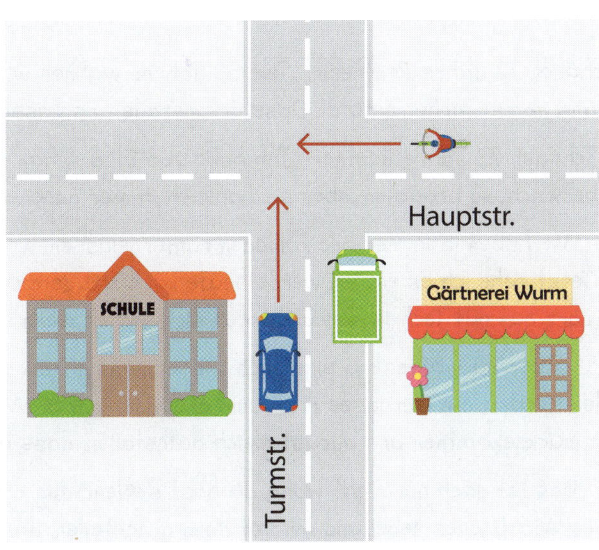

Freddy Schmid	Polizist
Ich habe auf den ersten Blick gesehen, dass der Lieferwagen zu nah an der Kreuzung parkt. Da es stark geschneit hat, war die Sicht schlecht. Der Fahrer des Audi hätte bei dem starken Schneefall nicht so schnell fahren dürfen. Das Fahrrad des Jungen ist ein Totalschaden, aber am Audi haben wir nur eine ordentliche Delle an der Stoßstange festgestellt.	

Peter Pflaster	Notarzt
Ich habe beide noch am Unfallort untersucht. Der Radfahrer hat sich bei dem Sturz den rechten Arm gebrochen und etliche Schürfwunden davongetragen und musste ins Krankenhaus gebracht werden. Auch der Autofahrer musste wegen eines Schleudertraumas ärztlich versorgt werden.	

Gustl Gärtner	Lieferwagen-Fahrer
Ich hab doch nur ganz kurz geparkt, um mir beim Wurm einige Alpenveilchen für einen Kunden zu kaufen, die sind da nämlich gerade im Sonderangebot. Als ich wieder zu meinem Lieferwagen kam, war auch schon dieser Polizist da und hat mir eine Anzeige wegen Falschparken verpasst. Sehr ärgerlich, das gibt Stress mit meinem Chef.	

Der Bewertungsbogen im Lösungsteil hilft dir, deine Beschreibung selbst zu beurteilen und gegebenenfalls zu verbessern.

Von 46 Punkten hast du ____ erreicht.

25. Einen (Zeitungs-)Bericht verfassen

In den Ferien machst du ein Praktikum bei der Lokalzeitung „Miesbacher Allgemeine". Ein Redakteur hat erfahren, dass bei einem deiner Nachbarn eingebrochen wurde und bittet dich, einen Bericht zu verfassen. Als Basis hierfür dient dir die folgende Zeugenbefragung.

Elsa Schödel, 72 Jahre, Rentnerin: „Seit 50 Jahren wohnen wir in unserem Haus in Hausham und haben uns immer sicher gefühlt. Dass das gerade uns passiert, hier gibt's doch nichts zu holen!"

Horst Schödel, 73 Jahre, Rentner: „Ich habe zur Elsa schon oft gesagt, dass wir so eine moderne Videoüberwachung brauchen, aber sie hat sich immer dagegen gesträubt."

Elsa S.: „Wir haben ja immer alle Rollläden runtergelassen, wenn wir nicht da waren. Ich dachte, das reicht. Jetzt sehe ich es ein, ich werde heute noch mit dem Deniz von gegenüber sprechen. Der kennt sich ja ganz gut mit Technik aus und freut sich sicher, wenn er sich ein paar Euro verdienen kann."

Horst S.: „Aber du wolltest ja eigentlich wissen, was genau passiert ist. Also die Elsa und ich waren, wie jeden Herbst, am Gardasee noch einmal Sonne tanken. Wir sind vor zwei Tagen, am Dienstag, den 27.10., zurückgekommen und mir ist gleich aufgefallen, dass etwas nicht stimmt."

Elsa S.: „Das ist doch gar nicht wahr, du hast seelenruhig das Laub in der Einfahrt gerecht, als ob es nichts Wichtigeres gebe, und mir ist dann aufgefallen, dass am Hintereingang so komische Spuren am Türrahmen sind. Ich bin gleich raus zum Horst, mir haben so die Hände gezittert, dass er mir erst einmal einen Tee gekocht hat. Danach sind wir dann gemeinsam durchs Haus und haben nachgesehen, ob etwas fehlt. Es war tatsächlich der Safe aufgebrochen, aber da lag nichts darin, außer unseren Impf- und Reisepässen, und die haben den Einbrecher zum Glück nicht interessiert. Aber auf dem Kaminsims standen zwei handgeschnitzte Figuren, die sind weg. So ein Jammer, die haben mir viel bedeutet, sie waren Erbstücke von meiner Mutter und jeweils ca. 250 € wert!"

Horst S.: „Die blöden Figuren haben mir eh nie gefallen, aber meine Pfeifensammlung in der Vitrine, da hingen viele Erinnerungen dran! Sonst ist alles da, aber wir haben auch keinen Schmuck oder so."

Jonas, 8 Jahre, wohnt links neben Schödels: „Ich bin am Montag plötzlich nachts aufgewacht, wahrscheinlich von einem Geräusch, aber so genau weiß ich das nicht. Ich hab auf den Wecker neben meinem Bett geschaut und es war 23.30 Uhr. Ich hatte etwas Angst, bin dann aber trotzdem zum Fenster geschlichen. Gesehen habe ich aber nichts, deshalb bin ich wieder ins Bett gegangen. Am nächsten Tag nach der Schule war die Polizei bei uns und hat gefragt, ob wir was mitbekommen haben. Die waren total cool! Sie haben mich gelobt, weil ich die Uhrzeit so genau sagen konnte. Meine Eltern haben nichts mitbekommen, der Fernseher lief sicher wieder so laut."

Deniz, 16 Jahre, wohnt gegenüber der Schödels: „Schon heftig, dass hier direkt gegenüber eingebrochen wurde. Die Spuren an der Tür stammen auf jeden Fall von einem Brecheisen, das kenne ich aus dem Fernsehen. Da hab ich auch gehört, dass das mit den Rollläden ganz schlecht ist, da weiß jeder, dass keiner daheim ist. Ich konnte der Polizei eine halbwegs gute Täterbeschreibung liefern. Ich war abends mit Freunden unterwegs und als ich heimkam, ist mir in der Seitenstraße ein Oldtimer aufgefallen. Das fand ich erstaunlich, denn ich kenne alle Modelle hier in der Nachbarschaft, weil ich mich sehr für Autos interessiere. Er gehört niemandem hier und vor drei Tagen stand er direkt vor unserem Haus im Benzingweg. Ich bin hingegangen und wollte ihn mir näher ansehen, aber auf dem Fahrersitz saß jemand und hat mich total finster angesehen. Er hatte kurze braune Haare, war ungefähr so alt wie meine Mutter und auf der rechten Hand hatte er ein Drachen-Tattoo."

Özge, 45, Mutter von Deniz: „Horst hat meinem Mann erst letzte Woche seine Pfeifensammlung gezeigt, auf die war er mächtig stolz. Ich glaube, die waren insgesamt um die 300 € wert. Ich selbst habe vom Einbruch nichts mitbekommen. Zum Glück hat die Polizei den Täter anhand des Tattoos identifiziert und heute Morgen festgenommen. Die Beute ist aber verschwunden."

Der Bewertungsbogen im Lösungsteil zu **Test 24** hilft dir, deine Beschreibung selbst zu beurteilen und zu verbessern.

Von 39 Punkten hast du _____ erreicht.

Tests in Deutsch

Aufsatz – Gymnasium 5. Klasse

Lösungen

Dieser Lösungsteil ist herausnehmbar!
Klammern in der Mitte des Heftes öffnen!

Erzählen

1. Kurztest: Erzählen

1

	richtig	falsch
... mir die Bilder einmal kurz angeschaut haben.	○	☒
... festlegen, welches Bild ich für welchen Teil des Aufsatzes benötige.	☒	○
... eine Stoffsammlung (z. B. eine Mindmap oder eine Tabelle mit W-Fragen) erstellen.	☒	○
... die Erzählperspektive festlegen.	☒	○
... mir die Bilder heraussuchen, die ich für meine Geschichte verwenden will.	○	☒
... genau wissen, wie die Geschichte ausgeht.	☒	○

2

	richtig	falsch
... der Name des Jungen genannt werden.	☒	○
... erwähnt werden, woher der Junge kommt.	☒	○
... der Höhepunkt enthalten sein.	○	☒
... die Pfeife erwähnt werden.	○	☒
... klar werden, dass es sich um das Zuhause des Jungen handelt.	☒	○
... der Vater mit dem Sohn sprechen.	○	☒
... man das Präteritum verwenden.	☒	○
... erklärt werden, dass Rauchen der Gesundheit schadet.	○	☒

3

	richtig	falsch
... mit dem Höhepunkt beginnen.	○	☒
... der deutlich längste Teil des Aufsatzes sein.	☒	○
... keine wörtliche Rede enthalten.	○	☒
... den Löschversuch des Sohnes anschaulich schildern.	☒	○
... deutlich machen, dass der Sohn besser die Feuerwehr gerufen hätte.	○	☒
... eine überraschende Wendung enthalten.	☒	○
... komplett im Präsens verfasst werden.	○	☒
... kurz und knapp das Wichtigste zusammenfassen.	○	☒

4

	richtig	falsch
... deutlich werden, dass der Sohn dem Vater das Leben gerettet hat.	○	☒
... erklärt werden, weshalb der Vater wütend ist.	☒	○
... die Handlung abgerundet werden.	☒	○

5

	passend	unpassend	Aufsatzteil
Um 12.45 Uhr war der Sohn von der Schule heimgekehrt und stellte fest, dass es brannte.	○	☒	
Es war ein wunderschöner Freitagmittag und Max kam gerade von der Schule nach Hause.	☒	○	Einleitung
„Diese ständige Raucherei nervt!", rief Max ärgerlich, als er am Fenster vorbeiging.	○	☒	
Ziemlich bedröppelt stand ich vor meinem wütenden Vater.	☒	○	Schluss
Wie der Blitz rennt Max zum Gartenteich, um seinen Eimer mit Wasser zu füllen.	☒	○	Hauptteil
„Hoffentlich komme ich noch rechtzeitig", dachte der Sohn, während er losrannte.	☒	○	Hauptteil
„Wo willst du denn hin?", rief der Vater seinem Sohn hinterher.	○	☒	
Mit großem Schwung hatte Max das Wasser durch das Fenster geschüttet.	○	☒	

Punkte	37-33	32-29	28-23	22-19	18-11	10-0
Note	1	2	3	4	5	6

2. Eine Bildergeschichte mit Hilfe verfassen

1 Pro Bild 1P. Wurden nur zwei W-Fragen korrekt beantwortet, gibt es 1/2P.

1. Bild

- **Wer?** Sohn (Name beliebig)
- **Wann?** Nach Schulschluss (Schulranzen)
- **Wo?** Vor dem Haus von Vater und Sohn (erkennbar erst im letzten Bild)
- **Was?** Rauch strömt aus dem geöffneten Fenster; Sohn ist entsetzt

2. Bild

- **Wer?** Sohn (Name beliebig)
- **Wann?** Direkt nach **Bild 1**
- **Wo?** Vor dem Haus von Vater und Sohn
- **Was?** Sohn rennt weg

3. Bild

- **Wer?** Sohn (Name beliebig)
- **Wann?** Einige Minuten nach **Bild 2.** → Hier müssen Informationen ergänzt werden, wo der Sohn das Wasser holt (z. B. aus dem Gartenteich oder dem Bach).
- **Wo?** Vor dem Haus von Vater und Sohn
- **Was?** Sohn schüttet einen Eimer Wasser durch das Fenster

4. Bild

- **Wer?** Vater und Sohn (Name beliebig)
- **Wann?** Direkt nach **Bild 3**
- **Wo?** Vor dem Haus von Vater und Sohn
- **Was?** Vater blickt wütend und tropfnass mit einer Pfeife in der Hand aus dem Fenster; Sohn schaut verdutzt

2 ☒ Der verdächtige Rauch

3 Es war ein wunderschöner **Freitagmittag** (oder eine beliebige andere passende Zeitangabe) und **Max** kam gerade **von der Schule nach Hause** (erkennbar an der Schultasche). Er freute sich schon sehr auf das kommende Wochenende. Im Kopf malte er sich bereits aus, was er mit seiner freien Zeit alles anfangen könnte. Doch was war das? Roch es hier nicht nach Rauch? Als Max um die Ecke des Hauses bog, sah er dichten **Rauch** aus dem **offenen Fenster** steigen.
Die fett gedruckten Informationen müssen enthalten sein und geben jeweils 1P. 1P gibt es, wenn die Einleitung neugierig macht.

4 Es sind natürlich ganz verschiedene Lösungen möglich. Eine Überarbeitung könnte beispielsweise so aussehen:
Völlig außer Atem rannte Max zurück Richtung Haus. **Oh nein**, in der Eile **wäre er** fast **gestolpert** und **hätte** den übervollen Wasserkübel **verschüttet**. „Hoffentlich schaffe ich es noch rechtzeitig", geht es Max voller Sorge im Kopf herum. „Schnell, bevor es zu spät ist!" Er kann den Rauch schon riechen und spürt ihn in den Augen jucken und im Hals kratzen. **Endlich kommt** er am qualmenden Fenster an. Max **holt** mit beiden Armen Schwung und **schüttet** das Wasser mit aller Kraft durch das offene Fenster. Doch statt des erwarteten Zischens der Flammen **hört** er einen wütenden **Aufschrei**.

5 **„**Was soll das**?",** **brüllte** der Vater wütend. **„**Ich sitze doch immer hier!**"** Er zeigte auf seine Pfeife und **schimpfte: „**Ich habe dir doch schon **hundertmal erzählt**, dass ich am Fenster rauche, weil sonst deine Mutter **meckert**, dass es im Haus stinkt.**" „**Oh**", erwiderte** Max bedröppelt, **„**daran habe ich gar nicht mehr gedacht. Ich kam von der Schule heim, habe den Rauch gesehen und bin erschrocken. Vor lauter Sorge um dich und Mama habe ich gar nicht groß nachgedacht und bin gleich losgelaufen, um euch zu retten.**"** Der Vater wollte gerade weiter schimpfen, als Max **rief**, was seine Mutter immer **von sich gab: „**Hör auf zu rauchen, das schadet deiner Gesundheit.**"**
Je 1P pro ersetztem Wort und 1P für alle korrekten Satzzeichen bei einer wörtlichen Rede.

Punkte	31-27,5	27-24	23,5-19,5	19-15	14,5-9,5	9-0
Note	1	2	3	4	5	6

3. Eine Bildergeschichte verfassen

Bewertungsbogen Bildergeschichte

trifft zu (2P) | trifft zum Teil zu (1P) | trifft nicht zu (0P)

1. Meine **Überschrift** ...
   - ist **treffend** gewählt.
   - macht **neugierig** auf die Geschichte.
   - verrät **nicht zu viel**.

2. Meine **Einleitung** ...
   - passt zum **1. Bild**.
   - beantwortet die **W-Fragen** (wer?, wann?, was?, wo?).
   - führt **knapp**, aber **anschaulich** zur Handlung hin.

3. Mein **Hauptteil** ...

- erzählt, was **auf Bild 2-5** zu sehen ist.
- beinhaltet passende **Überleitungen** von Bild zu Bild.
- ist mit Abstand der längste Teil der Erzählung.
- ist **logisch** aufgebaut.
- steigert langsam die **Spannung**, bis hin zum **Höhepunkt**.
- enthält am Höhepunkt einen kurzen Abschnitt im Präsens.
- macht die **Gefühle**, **Gedanken** und **Sinneseindrücke** der Personen deutlich.

4. Mein **Schluss** ...

- passt zum **letzten Bild**.
- **rundet** die Handlung sinnvoll **ab**.

5. Mein **Aufsatz** ...

- ist im **Präteritum** verfasst.
- enthält fast keine **Rechtschreib**- und **Grammatikfehler**.
- enthält fast keine Fehler in der **Zeichensetzung**.
- enthält fast keine Fehler im **Satzbau** und im **Ausdruck**.
- enthält viele **treffende** und **abwechslungsreiche** Verben und Adjektive.
- enthält an passenden Stellen **wörtliche Rede**.

Es sind natürlich ganz verschiedene Geschichten möglich. Sie könnte beispielsweise so aussehen:

Der geniale Fischfang

„So wird das nichts ...", murrte mein Vater, während er auf einem dicken, über den See hängenden Ast liegend mit der Hand versuchte, einen der munter unter uns schwimmenden Fische zu erwischen. Vielleicht war es doch keine so gute Idee, als wir beschlossen hatten, das Wochenende auf einer unbewohnten Insel im Staffelsee zu verbringen und dort „Überlebenstraining" zu machen. Wir hatten uns vorgenommen, ohne Gepäck einen ganzen Tag dort zu verweilen. Das konnte doch nicht so schwierig sein ...

Wir kletterten beide wieder vom Baum herunter und überlegten. Uns knurrte schon ziemlich der Magen und nur von den paar Himbeeren, die wir am Vormittag gepflückt hatten, waren wir natürlich längst nicht satt geworden. „Ich spring jetzt in den See. Irgendwann werde ich schon einen von ihnen erwischen", murmelte mein Vater vor sich hin und begann sich auszuziehen. Während ich die fröhlich umherschwimmenden Fische vom Ufer aus beobachtete, kam mir plötzlich eine Idee. „Papa, wir haben doch vor Kurzem in einer Dokumentation eine Fischreuse gesehen, so etwas bräuchten wir." „Gute Idee, Lukas! Wir basteln uns einfach selbst eine", schlug mein Vater vor und blickte auf seine Hose herab. „Wir müssen nur die Beine zubinden, damit die Fische nicht mehr herauskönnen." Gut, dass er nicht allzu schlank war, sonst wäre der Eingang für die Fische zu schmal geworden. Ich blickte mich kurz um und pflückte dann einige Schilfhalme, mit denen wir gemeinsam die Hosenbeine zuknoteten. Auch ich zog mich nun aus und wir gingen vorsichtig ins Wasser, um die Fische nicht zu erschrecken.

Wir schwimmen ein paar Meter, bis das Wasser etwas tiefer wird, und tauchen die Hose unter Wasser. „Jetzt wird es spannend!", rufe ich meinem Vater zu. Jeder von uns hält die Hose an einer Seite des Bundes und zwar so, dass die leichte Strömung die Fische motiviert, in die Hose hineinzuschwimmen. Wir holen beide tief Luft und tauchen unter. Vorsichtig nähert sich der erste Fisch und ich bin schon optimistisch, doch im letzten Moment weicht er der Hose aus und schwimmt rechts vorbei. „So ein Mist!", denke ich ärgerlich. Aufmunternd lächelt mir mein Vater, der meine Gedanken wohl an meinem Gesichtsausdruck erkannt hat, zu. Und er hat recht, denn schon nähert sich ein ganzer Schwarm und tatsächlich, der erste Fisch schwimmt schnurstracks in die Hose hinein und noch drei andere hinterher. „Jetzt aber schnell!", ruft mein Vater. Gemeinsam ziehen wir die improvisierte Reuse ins flache Wasser, was gar nicht so einfach ist, da ja nur ein Arm zum Schwimmen bleibt. Kurz droht sie mir aus der Hand zu rutschen, aber dann spüre ich den Boden unter den Füßen und im Gehen ist es deutlich einfacher. Schnell zogen wir uns wieder an, auf seine Hose musste mein Vater aber natürlich erst einmal verzichten. Er bereitete die Fische vor, während ich aus drei Ästen einen Grill baute und ein Lagerfeuer anzündete. Zum Glück hatte mein Papa ein Feuerzeug in der Westentasche. Wir waren uns einig, dass etwas Schummeln beim Überlebenstraining durchaus erlaubt sei.

Wir ließen den Tag gemütlich am Feuer ausklingen und genossen den Duft der brutzelnden Fische. Uns lief beiden schon das Wasser im Mund zusammen. Die Hose meines Vaters flatterte derweil munter im Wind und würde bestimmt noch trocknen, bis wir wieder nach Hause mussten.

Punkte	**42-38**	**37-34**	**33-27**	**26-21**	**20-13**	**12-0**
Note	**1**	**2**	**3**	**4**	**5**	**6**

4. Eine Reizwortgeschichte überarbeiten

1 Pro Stichwort 1/2 P

Die Katze sieht: z. B. eine Maus/einen Vogel

Die Katze hört: z. B. den Schnee knirschen/einen Vogel zwitschern

Die Katze fühlt: z. B. den kalten Schnee unter ihren Pfoten und an ihrem Bauch

Die Katze schmeckt: z. B. ihren Speichel, denn ihr läuft das Wasser im Mund zusammen

Die Katze riecht: z. B. das schneenasse Mäusefell

2 Für jeden **Rechtschreib**-, **Grammatik**-, oder **Tempusfehler** gibt es 1/2 P. Für eine gelungene Überarbeitung des Höhepunkts max. .

Die Ausrede

Es war **Montagmorgen** und Tinas Laune hatte **ihren** Tiefpunkt erreicht. Nicht nur, dass das Wochenende vorbei war, heute stand auch noch die Deutschschulaufgabe an. Tina war zwar eigentlich nicht schlecht in Deutsch, aber vor Tests war sie immer sehr nervös. Eilig **packte** sie ihre Schultasche und lief aus dem Haus.

Zum Glück war Tinas Schulweg nicht allzu lang und sie brauchte erst kurz vor Schulbeginn loszugehen. Sie mochte es gar nicht, wenn sie noch ewig mit ihren Mitschülern vor dem Klassenzimmer warten musste, da machten sich immer alle gegenseitig **verrückt**. Ihre Laune besserte sich etwas, als sie sah, wie wunderschön der Schnee in der Sonne glitzerte. Die kalte Luft kitzelte sie in der Nase und sorgte dafür, dass sie munter wurde. Heute nach der Schule würde sie mit ihrer Freundin Sara einen großen Schneemann bauen! Aber erst einmal musste sie den Vormittag überstehen. In Gedanken ging Tina noch einmal alle wichtigen Punkte durch, die sie in der Schulaufgabe nicht vergessen wollte: „Wörtliche Rede einsetzen, anschaulich und spannend erzählen, den Höhepunkt ausgestalten, die Überschrift nicht vergessen, ach ja, und das Tempus, in welcher Zeitform schrieb man noch einmal eine Erzählung?" Ganz in Gedanken versunken läuft Tina die schmale Straße zur Schule entlang, als plötzlich eine Katze von links über den Zaun **schießt und blitzschnell über die Straße rennt. Tina erschrickt dermaßen, dass sie ins Straucheln gerät. Sie merkt, wie ihr linker Schuh auf dem glatten Boden keinen Griff mehr findet und versucht mit den Armen rudernd auszugleichen. Aber es hilft nichts, sie landet mit dem Po im Schnee. „Blödes Vieh!", schimpft sie der Katze hinterher, doch diese zeigt sich ziemlich unbeeindruckt**. Tina rappelt sich **wieder** hoch und klopft den Schnee ab, doch ihre Hose bleibt nass und kalt. So kann sie auf keinen Fall in den Unterricht gehen. „Was soll ich nur machen?", überlegt sie verzweifelt. „Wenn ich noch einmal nach Hause gehe, komme ich viel zu spät zur Schulaufgabe. Warum bin ich nur so knapp losgegangen ..." Da fällt ihr ein, dass vor dem Sekretariat immer eine Box mit vergessenen Kleidungsstücken steht, da würde sich sicher eine Sporthose finden. Schnell lief sie in die Schule, sollte sie noch einmal hinfallen, wäre das ja jetzt auch schon egal. Sie kam allerdings ohne weiteren Sturz an und **fand** tatsächlich eine zwar nicht schöne, aber immerhin trockene knallgrüne Jogginghose, die einigermaßen passte. Schnell lief sie zur Toilette, um sich umzuziehen.

Im Klassenzimmer angekommen wurde sie ärgerlich von der Lehrerin **begrüßt**, die Stunde hatte bereits vor 5 Minuten begonnen. Zunächst wollte diese **ihr** die Geschichte mit der Katze nicht so recht glauben, doch als die Lehrerin Tina genauer betrachtete und die knallgrüne Jogginghose zur schönen weißblauen Bluse sah, konnte sie sich ein Schmunzeln nicht verkneifen und wusste, dass Tina die Wahrheit erzählt hatte.

Punkte	12,5-11	10,5-9,5	9-8	7,5-6,5	6-4,5	4-0
Note	1	2	3	4	5	6

5. Eine Reizwortgeschichte selbst verfassen

Es sind natürlich ganz verschiedene Geschichten möglich, ein Schreibplan könnte beispielsweise so aussehen:

Überschrift: Nächtliche Geräusche 1 P

Einleitung mit Antworten auf die W-Fragen: Pro W-Frage 1 P (insgesamt max. 4 P)

Wer? ich | Wann? nachts

Wo? Kinderzimmer/Garten | Was? heulende Geräusche

Wichtige Erzählschritte im Hauptteil (bis Höhepunkt): ▸ Ich wache nachts von einem heulenden Geräusch auf und fürchte mich. ▸ Draußen tobt ein Gewitter. ▸ Ich rufe nach meinen Eltern, doch sie hören mich nicht. ▸ Der Versuch wieder einzuschlafen klappt nicht, da zu dem Heulen auch noch Kratzgeräusche dazukommen. Pro Stichpunkt 1 P (max. 3 P)

Höhepunkt: ▸ Ich stehe auf, suche meine Taschenlampe und gehe zur Terrassentür. ▸ Mit zitternden Händen leuchte ich in den Garten und wappne mich für den Anblick des grausigen Monsters, das dort wütet. ▸ Ich sehe einen kleinen Hundewelpen, der jaulend an der Tür kratzt. ▸ Ich hole ihn ins Haus. Pro Stichpunkt 1 P (max. 4 P)

Schluss: Am nächsten Morgen bringe ich den Hund mit meiner Mutter zu den Nachbarn zurück. max. 1 P

Punkte	13-12	11-10	9-8	7-6	6-4	4-0
Note	1	2	3	4	5	6

6. Eine Fantasiegeschichte mit Reizwörtern verfassen

Bewertungsbogen Reizwortgeschichte

	trifft zu 2P	trifft zum Teil zu 1P	trifft nicht zu 0P
1. Meine **Überschrift** ...			
▶ ist **treffend** gewählt.			
▶ macht **neugierig** auf die Geschichte.			
▶ verrät **nicht zu viel**.			
2. Meine **Einleitung** ...			
▶ **passt** zur Geschichte (enthält evtl. schon ein Reizwort).			
▶ beantwortet die **W-Fragen** (wer?, wann?, was?, wo?).			
▶ führt **knapp**, aber **anschaulich** zur Handlung hin.			
3. Mein **Hauptteil** ...			
▶ enthält **alle Reizwörter** (evtl. auch nur zwei, siehe **Einleitung**)			
▶ ist mit Abstand der längste Teil der Erzählung.			
▶ ist **logisch** aufgebaut.			
▶ steigert langsam die **Spannung**, bis hin zum **Höhepunkt**.			
▶ enthält am Höhepunkt einen kurzen Abschnitt im Präsens.			
▶ macht die **Gefühle**, **Gedanken** und **Sinneseindrücke** der Personen deutlich.			
4. Mein **Schluss** ...			
▶ **rundet** die Handlung sinnvoll **ab**.			
5. Mein **Aufsatz** ...			
▶ ist im **Präteritum** verfasst.			
▶ enthält fast keine **Rechtschreib-** und **Grammatikfehler**.			
▶ enthält fast keine Fehler in der **Zeichensetzung**.			
▶ enthält fast keine Fehler im **Satzbau** und im **Ausdruck**.			
▶ enthält viele **treffende** und **abwechslungsreiche** Verben und Adjektive.			
▶ enthält an passenden Stellen **wörtliche Rede**.			

Es sind natürlich ganz verschiedene Geschichten möglich, ein Text könnte beispielsweise so aussehen:

Der Hüter des Hochlands

„Juhu, morgen geht es endlich richtig los, ich kann es kaum noch erwarten!", rief mein kleiner Bruder Paul, während er übermütig auf dem Bett unseres Hotelzimmers herumsprang. Unsere Eltern hatten uns für die Sommerferien eine Reise nach Island versprochen, da unser Familienurlaub die letzten Jahre wegen Corona nur bei Oma und Opa in der Schweiz stattgefunden hatte. Heute Morgen waren wir nun endlich im hohen Norden gelandet und gerade eben hatten wir uns im Tourismusbüro noch mit den wichtigsten Informationen für unser Campingabenteuer im isländischen Hochland eingedeckt. Das strikte Lagerfeuerverbot, auf das man uns gleich zweimal hingewiesen hatte, hörten wir zwar nicht gerne, doch wir wollten uns die gute Laune nicht verderben lassen.

Am nächsten Morgen machten wir uns gleich nach dem Frühstück auf den Weg. Wir luden unser Gepäck in den gemieteten Geländewagen, Mama setzte sich ans Steuer und los ging es. Nach einer langen Fahrt, durch atemberaubendes Gelände, die wir mehrmals unterbrachen, um die zahlreichen Geysire und Wasserfälle zu bewundern, die wir passierten, erreichten wir die ersten Ausläufer der Berge. „Was meint ihr, wollen wir hier unsere Zelte für die erste Nacht aufschlagen? Es dämmert nämlich schon", schlug Papa vor. „Ja!", riefen Paul und ich begeistert, denn unweit unseres Standortes konnte man einer Herde Islandpferde beim Grasen zusehen. Mama und Papa klappten das Dachzelt des Geländewagens hoch und dann bauten wir gemeinsam ein weiteres Zelt auf, in welchem wir Kinder schlafen sollten. Wir waren gerade fertig geworden, als es auch schon dunkel wurde. Wir knipsten unsere Campinglampen an, doch so recht gemütlich fanden wir es alle vier nicht. „Ein Lagerfeuer wäre viel cooler als diese doofen Lampen", meckerte Paul. „Aber es ist verboten, darauf wurden wir mehrfach hingewiesen!", erwiderte ich. „Du hast schon recht, Emma, dass man sich an Verbote eigentlich halten sollte, aber was soll schon passieren, ich sehe keinen Baum weit und breit, der sich entzünden könnte", antwortete mein Vater. „Das sehe ich genauso", meinte Mama und holte einen Stapel Brennholz aus dem Kofferraum. Meine Eltern hatten also geplant, sich nicht an das Verbot zu halten, das würde ich mir merken! Doch als wir um das warme Feuer saßen und die Flammen prasseln hörten, war auch ich sehr froh, dass wir uns nicht an die Regeln gehalten hatten, was sollte schon passieren? Auf einmal durchbricht ein lautes Rumpeln die Stille. „Was war das?", fragt Paul ängstlich. „Keine Ahnung, es hört sich jedenfalls an, als würden ein paar Riesen Fußball spielen", antwortet Papa grinsend. „Ich finde das ziemlich gruselig und gar nicht komisch!" Paul ist beleidigt, aber als er sieht, dass Mama und ich auch grinsen, belässt er es dabei. Ich krame gerade einige Marshmallows aus dem Rucksack, als ich drei erschrockene Aufschreie höre. Alarmiert blicke ich auf und sehe einen riesigen gefährlich aussehenden Troll einen Hügel hinunter und auf uns zustürmen. Vor Schock bleiben wir wie angewurzelt sitzen. Laut brüllend bleibt der Gigant direkt vor uns stehen: „Wie könnt ihr es wagen, ein Feuer zu entzünden? Es zerstört das Moos und durch die fliegenden Funken geraten die Elfen in Panik!" „Es tut uns leid!", stammelt Papa. „Dafür ist es jetzt zu spät!", geifert der Troll, packt meinen Vater mit seiner Pranke und hebt ihn hoch wie eine Puppe. Seine roten Augen funkeln gefährlich. Entsetzt klammere ich mich an meine Mutter und Paul fängt an zu weinen. „Was sollen wir nur tun?" Meine Gedanken rasen durch meinen Kopf. „Hätten wir doch nur auf die Dame im Tourismusbüro gehört!" Da fällt mir ein, dass ich einmal in einem Buch gelesen habe, dass Trolle Schmuck lieben. Blitzschnell reiße ich mir den Ring vom Finger, den ich von meiner Oma zum Geburtstag bekommen habe, und werfe ihn dem Troll entgegen. Dieser hält tatsächlich in seiner Raserei inne, stutzt kurz und hebt dann mit seiner freien Hand den Ring auf. Ich nutze die Gelegenheit, um die Entschuldigung meines Vaters zu wiederholen und zu beteuern, dass uns nicht klar gewesen sei, welchen Schaden unser Feuer angerichtet hätte. Der Troll zeigt sich besänftigt, setzt meinen Vater ab und stapft zurück den Hügel hinauf, wo sich vermutlich seine Höhle befindet. Wir fallen uns erleichtert in die Arme und schwören alle, uns künftig an Verbote zu halten. Anschließend kletterten wir in das Dachzelt. Dort war es zwar ziemlich eng, aber wir waren uns alle einig, dass wir die Nacht lieber eng beieinander verbringen wollten als in getrennten Zelten.

Als am nächsten Morgen die ersten Sonnenstrahlen durch das Zeltdach drangen, waren wir alle erleichtert, die Nacht doch noch gut überstanden zu haben. Wir frühstückten, packten alles zusammen und fuhren tiefer in das Hochland, um noch schöne, aber hoffentlich weniger brenzlige Abenteuer zu erleben.

Punkte	38-34	33-30	29-24	23-19	18-11	10-0
Note	1	2	3	4	5	6

7. Fortsetzung eines Erzählanfangs – Erlebniserzählung

Jeweils 1P für den richtigen Höhepunkt/die richtige Überschrift und jede Begründung.

1 Am besten gelungen ist der **Höhepunkt C**.

A beginnt zwar vielversprechend, dann werden die Besuche bei den einzelnen Tieren jedoch viel zu schnell abgehandelt, ohne dass Spannung aufkommt.

B passt nicht so recht zum vorgegebenen Erzählanfang, denn hier wird mit den Affen bereits ein Hinweis auf den Höhepunkt gegeben. Zudem fällt er zu knapp aus.

C ist spannend gestaltet, enthält viel wörtliche Rede und führt dem Leser oder der Leserin das Ereignis anschaulich vor Augen.

2 Am passendsten ist **Überschrift D**. Sie ist treffend, weckt die Spannung und verrät nicht zu viel.
A ist zu allgemein, **B** verrät zu viel und bei **C** kommt keine Spannung auf.

Punkte	9-8	7	6-5	4	2	1-0
Note	1	2	3	4	5	6

8. Fortsetzung eines Erzählanfangs – Fantasie- und Gespenstergeschichte

Die Beispielgeschichten findest du hier:

Mit den Bewertungsbögen können oft mehrere Tests bewertet werden. Achte daher auf die blau markierten Zeilen. Die Punkte, die bei diesen stehen, bekommst du nur für den dort erwähnten Test.

Beipiel: Steht in der blau markierten Zeile „Für **Test 8: Fantasie-/Gespenstergeschichte** und **Test 9: Märchen**", erhältst du diese Punkte nur für diese Tests. Arbeitest du an **Test 10: Roman**, brauchst du diese Zeile nicht zu beachten. Steht dort dagegen „Für **Test 10: Roman**", gilt sie nur für diesen Test. Für **Test 9: Märchen** spielt sie dann beispielsweise keine Rolle.

Bewertungsbogen Fortsetzung eines Erzählanfangs

 trifft zu  2P
 trifft zum Teil zu  1P
 trifft nicht zu   0P

1. Meine **Überschrift** ...
   - ist **treffend** gewählt.
   - macht **neugierig** auf die Geschichte.
   - verrät **nicht zu viel**.

2. Mein **Hauptteil** ...
   - ist mit Abstand **der längste Teil** der Erzählung.
   - Für **Test 8: Fantasie-/Gespenstergeschichte** und **Test 9: Märchen**: ist trotz Fantasie **logisch** aufgebaut (z. B. Reihenfolge der Ereignisse) und **nachvollziehbar**.
   - Für **Test 10: Roman**: ist **logisch** aufgebaut.

- steigert langsam die **Spannung**, bis hin zum **Höhepunkt**.
- enthält am Höhepunkt einen kurzen Abschnitt im Präsens.
- macht die **Gefühle**, **Gedanken** und **Sinneseindrücke** der Personen deutlich.
- Für **Test 8: Fantasie-/Gespenstergeschichte**: enthält **fantastische Elemente**, ist damit aber nicht überladen.
- Für **Test 9: Märchen:** enthält **typische Märchenmerkmale** (magische Elemente, sprechende Tiere usw.)

3. Mein **Schluss** ...

- **rundet** die Handlung sinnvoll **ab**.
- Für **Test 9: Märchen**: enthält eine „**Belohnung**" für die Hauptfigur und/oder **eine typische Märchenfloskel**.

4. Mein **Aufsatz** ...

- ist im **Präteritum** verfasst.
- enthält fast keine **Rechtschreib**- und **Grammatikfehler**.
- enthält fast keine Fehler in der **Zeichensetzung**.
- enthält fast keine Fehler im **Satzbau** und im **Ausdruck**.
- enthält viele **treffende** und **abwechslungsreiche** Verben und Adjektive.
- enthält an passenden Stellen **wörtliche Rede**.

Punkte	32-28	27-25	24-20	19-16	15-10	9-0
Note	1	2	3	4	5	6

9. Fortsetzung eines Erzählanfangs – Märchen

1 Erzählanfang **A**

Jeweils 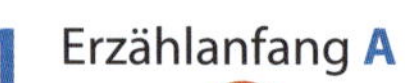 pro ausgefüllter Zeile.

Es sind natürlich ganz verschiedene Lösungen möglich. Ein Steckbrief könnte beispielsweise so aussehen:

Gesucht werden **ein elfjähriger Junge (Tim) und ein zwölfjähriges Mädchen (Clara)**.
Sie sind bekleidet mit **ärmlich aussehenden zerrissenen Hosen und Oberteilen**.
Besonders gut zu erkennen ist **er an einem großen Muttermal am rechten Ohr und sie an ihren feuerroten Haaren**.
Zuletzt gesehen wurden sie **beim Pilzesammeln in einem großen düsteren Wald**.
Sie haben ein Problem mit **einer Zauberin, die die Kinder entführen möchte**.
Sie besitzen folgende Eigenschaften: **Tim: neugierig, gutgläubig, hilfsbereit; Clara: mutig, schlau, misstrauisch**

2 Beurteile deinen Text mit dem Bewertungsbogen **Fortsetzung eines Erzählanfangs** bei **Test 8**.

Es sind natürlich ganz verschiedene Geschichten möglich, ein Text könnte beispielsweise so aussehen:

Die Kinder des Waldes

... Als sie eines Morgens gerade auf einer Lichtung ein paar besonders schöne Pilze pflücken wollten, hörten sie in einiger Entfernung Äste und Zweige knacken. Da bewegte sich jemand durch den Wald und es war kein Tier, denn die Geschwister erkannten jedes sogleich an seinem Geräusch. Die Schritte kamen immer näher und so beschlossen die beiden Kinder, sich in einem dichten Haselnussstrauch zu verstecken. Kurze Zeit später betrat eine wunderschöne Frau in prachtvollen Kleidern die Lichtung, die nicht so recht in diesen Wald zu passen schien. „Clara, wer ist das?", flüsterte das jüngere der Geschwister. „Ich weiß es nicht, Tim, ich habe sie hier in der Gegend noch nie gesehen." „Vielleicht hat sie sich verlaufen und braucht unsere Hilfe?", fragte Tim, doch Clara riet ihm eindringlich, sich weiter versteckt zu halten. „Hallo, ist hier jemand? Ich habe doch Stimmen gehört. Ihr braucht euch nicht zu verstecken, ich bin nur auf der Suche nach Kräutern." Als Clara merkte, wie Tim aufstand, versuchte sie ihn noch festzuhalten, doch er entwand sich aus ihrem Griff und ging auf die Fremde zu. Er stellte sich vor und fragte, ob er ihr beim Suchen helfen könne. „Ich bin auf der Suche nach Hirschwurz", erklärte die Unbekannte freundlich lächelnd, ihren Namen nannte sie dabei nicht. Tim musste nicht lange überlegen, Hirschwurz gab es hier fast unter jedem Baum. Er ging zur nächsten Erle und bückte sich, um einige Blätter zu pflücken. Clara beobachtete das Geschehen aus ihrem Versteck. Sie überlegte gerade, ob sie sich nicht auch zu erkennen geben sollte, als die Frau blitzschnell einen Sack unter ihrem Kleid hervorzog, diesen über Tim stülpte, ihn packte und sich über die Schulter warf. Der Junge strampelte und wand sich, doch er konnte dem Griff der Frau nicht entkommen, sie musste deutlich stärker sein, als sie aussah. Schon bald verließen ihn seine Kräfte und er hielt still. Doch da konnte Clara einen leisen Pfiff hören. Es war, als löse dieser Pfiff ihre Erstarrung, in der sie sich seit Beginn der Ereignisse befunden hatte. Sie verstand, was ihr Bruder versucht hatte und wiederholte den Pfiff noch einmal wesentlich lauter. Es war ein Warnsignal und Hilferuf, welchen sie von den Tieren des Waldes gelernt hatten. Noch immer in ihrem Versteck verborgen beobachtete sie, wie die wunderschöne Frau, unter deren Maske sich in Wahrheit eine hässliche alte Zauberin verbarg, ihren Mantel wie Schwingen ausbreitete und in die Luft abhob. Den Sack mit dem Jungen hatte sie sich um ihre Schultern gebunden. Wie sie jedoch die Wipfel der Bäume erreichte, kam eine Schar Raben angeflogen und attackierte sie mit ihren spitzen Schnäbeln,

sodass sie zur Landung gezwungen war. Clara kam aus ihrem Versteck gerannt, um ihrem Bruder zu helfen, doch die Zauberin schickte ihr einen Zauber entgegen, der sie sogleich zu Boden warf. Wie durch unsichtbare Fesseln wird sie am Aufstehen gehindert. Tränen der Verzweiflung steigen ihr in die Augen. „Was willst du von meinem Bruder?", schreit sie. „Lass ihn in Ruhe!" Doch die Frau dreht sich nicht einmal mehr zu ihr um. Sie ist zudem damit beschäftigt, die Raben abzuwehren, die ihr auch am Boden noch zu schaffen machen, doch immer mehr der schwarzen Vögel sitzen mit gebrochenen Flügeln im Gras. Da bricht aus dem Dickicht des Waldes mit wütendem Schnauben eine Horde Wildschweine hervor und diesen gelingt es mit ihren Stoßzähnen, die Zauberin in die Flucht zu schlagen. Sie lässt den Sack mit Tim fallen und erhebt sich in die Lüfte.

Clara lief zu ihrem Bruder, befreite ihn aus dem Sack und schloss ihn in die Arme. Dann bedankten sich die Geschwister bei den Tieren und versprachen, diesen auch immer zur Hilfe zu kommen, sollten sie jemals in Not geraten. Und wenn sie nicht gestorben sind, so leben sie noch heute friedlich gemeinsam mit den Tieren im Wald.

Punkte	40-35	34-30	29-25	24-20	19-12	11-0
Note	1	2	3	4	5	6

10. Fortsetzung eines Erzählanfangs – Romanbeginn

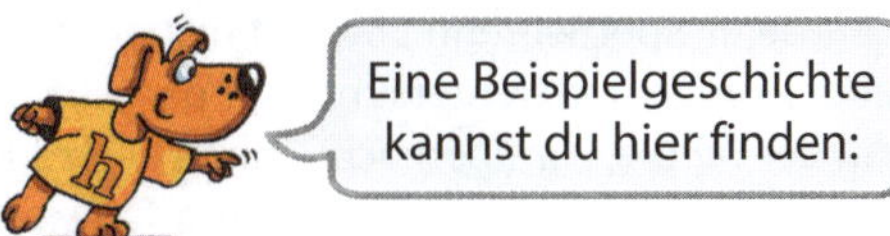

Beurteile deinen Text mit dem Bewertungsbogen **Fortsetzung eines Erzählanfangs** bei **Test 8**.

Punkte	30-27	26-24	23-19	18-15	14-9	8-0
Note	1	2	3	4	5	6

11. Ausgestaltung eines Erzählkerns – Erlebniserzählung

Bewertungsbogen Ausgestaltung eines Erzählkerns

	trifft zu (2P)	trifft zum Teil zu (1P)	trifft nicht zu (0P)
1. Meine Überschrift …			
▶ ist **treffend** gewählt.			
▶ macht **neugierig** auf die Geschichte.			
▶ verrät **nicht zu viel**.			
2. Meine Einleitung …			
▶ **passt** zur Geschichte.			
▶ beantwortet die **W-Fragen** (wer?, wann?, was?, wo?).			
▶ führt **knapp**, aber **anschaulich** zur Handlung hin.			
3. Mein Hauptteil …			
▶ enthält **alle wichtigen Bestandteile** des Erzählkerns.			
▶ ist mit Abstand **der längste Teil** der Erzählung.			
▶ steigert langsam die **Spannung**, bis hin zum **Höhepunkt**.			
▶ enthält am Höhepunkt einen kurzen Abschnitt im Präsens.			
▶ macht die **Gefühle**, **Gedanken** und **Sinneseindrücke** der Personen deutlich.			
▶ greift die **Hinweise aus dem Erzählkern** auf.			
▶ **rundet** die Handlung sinnvoll **ab**.			
▶ Für **Test 11: Erlebniserzählung** und **Test 13: Ballade**: ist **logisch** aufgebaut.			
▶ Für **Test 12: Märchen**, **Test 35: Gedicht** und **Test 37: Fabel**: ist trotz Fantasie **logisch** aufgebaut.			
4. Mein Schluss …			
▶ **rundet** die Handlung sinnvoll **ab**.			
▶ Für **Test 12: Märchen**: enthält eine „**Belohnung**" für die Hauptfigur und/oder eine **typische Märchenfloskel**.			
5. Mein Aufsatz …			
▶ ist im **Präteritum** verfasst.			
▶ enthält fast keine **Rechtschreib-** und **Grammatikfehler**.			

- enthält fast keine Fehler in der **Zeichensetzung**.
- enthält fast keine Fehler im **Satzbau** und im **Ausdruck**.
- enthält viele **treffende** und **abwechslungsreiche** Verben und Adjektive.
- enthält an passenden Stellen **wörtliche Rede**.

Es sind natürlich ganz verschiedene Geschichten möglich, ein Text könnte beispielsweise so aussehen:

Die missglückte Floßfahrt

„Vor etlichen Jahren war ich im Schullandheim in Bad Tölz", begann Patrick seine Erzählung, „das müsste in der 5. Klasse gewesen sein. Es war Juli und ziemlich heiß, sodass unser Lehrer spontan beschlossen hatte, die Wanderung ausfallen zu lassen und stattdessen eine Floßfahrt auf der Isar zu unternehmen. Hätte er geahnt, wie das ganze endet, wäre er sicher lieber wandern gegangen, aber von Anfang an:

Meine Klassenkameraden und ich fieberten nun schon seit Wochen dem Schullandheim in Bad Tölz mit unserem Klassenlehrer Herrn Ziegler sowie unserer Sportlehrerin Frau Schneider entgegen. Im Laufe der 5. Klasse waren wir zu einer eingeschworenen Gemeinschaft geworden und freuten uns sehr darauf, nun drei ganze Tage miteinander zu verbringen und nicht immer nur die Vormittage in der Schule. Wir übernachteten in einer Jugendherberge in Dreierzimmern und ich teilte mir meines mit meinen besten Freunden Benni und Fabi. Am zweiten Tag war eigentlich eine Wanderung durch das Ellbach- und Kirchseemoor geplant, aber nachdem es laut Wettervorhersage über 30° C haben sollte, wäre eine Wanderung durch die pralle Sonne sicher kein Vergnügen geworden. Ein Mädchen aus unserer Klasse erzählte, dass sie vor einer Weile mit ihren Eltern auf der Isar Schlauchboot gefahren sei und dabei hätten sie auch eine Schulklasse auf einem Floß gesehen. Das klang nach einer hervorragenden Idee. Von einer Mitarbeiterin der Jugendherberge erfuhr unser Klassenlehrer, dass ein Bauer aus der Umgebung dünne Baumstämme, Seile und Paddel für den Floßbau zur Verfügung stellte, bauen musste man das Floß jedoch selbst.

Gleich nach dem Frühstück brachen wir auf und verbrachten den ganzen Vormittag damit, die Baumstämme richtig anzuordnen und mit Seilen fest zu verzurren. So ganz genau wussten zwar auch unsere Lehrer nicht, wie man am besten ein Floß baut, aber gesehen hatten wir schließlich alle schon welche und so knoteten wir munter drauf los. Gegen Mittag waren zwei ziemlich stabil aussehende Flöße fertig und nach einer kurzen Brotzeit trugen wir sie alle gemeinsam in den Fluss. Wir teilten uns in zwei Gruppen mit je einem Lehrer auf und los ging es. Meine Zimmerkameraden und ich waren auf dem Floß mit Herrn Ziegler. Zunächst fuhren wir gemütlich dahin und wir saßen fröhlich plaudernd auf unseren Flößen und bespritzen uns mit den Paddeln mit dem kühlen Wasser der Isar. Doch das Tempo des Flusses nahm immer mehr zu, allerdings so langsam, dass wir es anfangs kaum bemerkten. Plötzlich hörte ich Benni aufschreien: „Oh nein! Da vorne liegt ein großer Baumstamm im Fluss und ringsum wirkt das Wasser ziemlich unruhig." Erschrocken sah Herr Ziegler auf: „Mist, wir müssen versuchen weiter nach links zu kommen!" Gemeinsam paddelten wir, was das Zeug hielt, und sahen, dass das Floß von Frau Schneider, welches ein Stück hinter uns fuhr, das Gleiche tat. Doch so sehr wir uns auch anstrengten, die Strömung zog uns weiter in die Flussmitte, direkt auf den Baumstamm zu. Nun konnten wir auch den Grund für die Unruhe des Wassers erkennen. Das Flussbett war hier deutlich flacher und einige große Steine befanden sich dicht unter der Wasseroberfläche. Zwischen zweien hatte sich der Baumstamm verkantet und unserem Floß drohte das gleiche Schicksal. „Wir werden alle ertrinken!", höre ich jemanden hysterisch aufschreien, doch unser Lehrer fordert uns auf, möglichst ruhig zu bleiben und uns gut an einem der Seile festzuhalten. Er hat die Warnung gerade ausgesprochen, da krachen wir auch schon gegen den Baumstamm und bleiben hängen. Wir versuchen uns abzustoßen, doch dabei beginnt das Floß nur gefährlich zu schwanken, sodass wir es wieder sein lassen. Zum Glück sehen wir, dass es das zweite Floß geschafft hat, die gefährliche Stelle zu passieren. „Wir holen Hilfe!", hören wir Frau Schneider rufen. „Kommt nicht auf die Idee, zum Ufer zu schwimmen, die Strömung ist viel zu stark!" Zitternd harren wir auf unserem Floß aus, und wünschen uns alle ins „langweilige" Moor. Die Lust auf Abenteuer ist uns vergangen. Die Strömung zerrt an unserem Floß und die ersten Knoten der Befestigungsseile beginnen sich zu lockern. Wir drängen uns in der Mitte des Floßes eng zusammen. Zum Glück war es der Besatzung des zweiten Floßes inzwischen gelungen, an Land anzulegen, und einen Bauern, der auf einem am Fluss gelegenen Feld arbeitete, auf sich aufmerksam zu machen. Dieser fuhr sogleich zur Unfallstelle.

Der Bauer erreichte uns keine Minute zu früh, denn das Floß zerfiel immer schneller. Er befestigte ein starkes Seil am Traktor und warf das andere Ende in die Isar, sodass die Strömung es zu uns trieb. Einer nach dem anderen hangelten wir uns am Seil entlang ans Ufer. Wir hatten wirklich ein Riesenglück, dass nicht mehr passiert ist! Zum Glück gibt es ja heutzutage professionelle Anbieter, die Schulen oder Jugendgruppen bei so etwas unterstützen. Es kann ganz schön nach hinten losgehen, wenn man sich selbst überschätzt."

Punkte	42-38	37-34	33-27	26-21	20-13	12-0
Note	1	2	3	4	5	6

12. Ausgestaltung eines Erzählkerns – Märchen

Beurteile deinen Text mit dem Bewertungsbogen **Ausgestaltung eines Erzählkerns** bei **Test 11.**

Punkte	44-39	38-35	34-28	27-22	21-13	13-0
Note	1	2	3	4	5	6

13. Ausgestaltung eines Erzählkerns – Ballade

Beurteile deinen Text mit dem Bewertungsbogen **Ausgestaltung eines Erzählkerns** bei **Test 11.**

Eine Beispielgeschichte kannst du hier finden:

Punkte	42-38	37-34	33-27	26-21	20-13	12-0
Note	1	2	3	4	5	6

Informieren

14. Kurztest: Vorgangsbeschreibung

	richtig	falsch
... welche Zutaten/Gegenstände man braucht.	X	○
... wann ich das gekochte Gericht das nächste Mal essen möchte.	○	X
... ob man bei der Durchführung die Hilfe einer zweiten Person benötigt.	X	○
... wer der Held meiner Geschichte ist.	○	X
... in welcher Reihenfolge man am besten vorgeht.	X	○

	richtig	falsch
... deutlich machen, für wen die Beschreibung geeignet ist.	X	○
... alles aufzählen, was gebraucht wird.	X	○
... Tipps für die Dekoration enthalten.	○	X

	richtig	falsch
... im Präteritum verfasst werden.	○	X
... wörtliche Rede enthalten.	○	X
... aus der Ich-Perspektive verfasst werden.	○	X
... sachlich und unpersönlich verfasst werden.	X	○

	richtig	falsch
... sollte das Ergebnis deutlich machen.	X	○
... kann zusätzliche Tipps und Vorschläge enthalten.	X	○

	passend	unpassend	Aufsatzteil
Wer keinen Nudelsalat mag, kann sich eine Pizza machen.	○	X	
Zunächst muss man die Nudeln kochen.	X	○	Hauptteil
Dann schüttete ich die Nudeln in das blubbernde Wasser und sah zu, wie sie versanken.	○	X	
Für die Zubereitung braucht man einen Topf, ein Sieb, ein Brett und ein Messer.	X	○	Einleitung
Das kleingeschnittene Gemüse wird mit den Nudeln vermischt.	X	○	Hauptteil
Der Nudelsalat eignet sich sehr gut als Beilage zu Grillgerichten.	X	○	Schluss
Am Ende kann man den Salat noch mit Kräutern dekorieren.	X	○	Schluss

Punkte	26-23	22-20	19-16	15-13	12-8	7-0
Note	1	2	3	4	5	6

15. Eine Vorgangsbeschreibung mit Hilfe verfassen

Es sind natürlich unterschiedliche Vorgangsbeschreibungen möglich, ein Text könnte beispielsweise so aussehen:

1 Stelle den Teller gleich zu Beginn auf ein **Tablett**. (1P) **2** Als Zweites **klebst** du eines der beiden **Gläser** mit der **Öffnung nach oben** mit **Klebeband** in der **Mitte** des **Tellers** fest. (2P) Forme das Klebeband dazu am besten zu einer **Rolle**. (1P) **3** Rolle nun ein Stück **Alufolie** ab und **bedecke** damit **Teller und Glas vollständig**. (1P) Die **Ränder** der Folie **klebst** du an der **Unterseite** des Tellers **fest**. (1P) **Wiederhole** diesen Vorgang **ein zweites Mal**. (1P) Der Vulkan ist jetzt schon zu erkennen.

4 Anschließend **stichst** du mit der **Schere** in der Mitte der Glasöffnung ein **Loch**. (1P) **Schneide** nun von dort aus ein Kreuz, sodass du die **vier Ecken** der Alufolie **nach innen** klappen kannst. (1P) Gib Acht, dass du nicht zu weit schneidest. 5 **Klebe** die **Ecken** am Innenrand des Glases **fest**. (1P) Das Glas dient als Vulkankrater.

6 **Schütte** nun die drei Päckchen **Backpulver** in den **Vulkankrater**. (1P) 7 Danach **vermischst** du im zweiten **Glas** das **Wasser** mit der **Lebensmittelfarbe** und dem **Essig**. (1P) Gib so viel Farbe hinzu, dass die Flüssigkeit dunkelrot wird. Zum Abschluss kommt noch ein Spritzer **Spülmittel** hinzu. (1P)

8 Jetzt kannst du die **Flüssigkeit** in den **Vulkan schütten** und dabei zusehen, 9 wie der Vulkan brodelnd **ausbricht**. (1P)

Die fett gedruckten Informationen müssen enthalten sein. Am Ende des Satzes siehst du, wie viele Punkte es gibt. (2P) gibt es zusätzlich, wenn die Reihenfolge korrekt wiedergegeben und der sachliche Stil eingehalten wurde. (1P) kannst du dir verdienen, wenn die Form der Anrede konsequent eingehalten wurde (du/man/ihr). Die blauen Ziffern dienen zur Orientierung. Du brauchst sie in deinem Text nicht.

Punkte	17-15	14-13	12-11	10-9	8-5	4-0
Note	1	2	3	4	5	6

16. Eine Vorgangsbeschreibung verfassen

1 (1/2P) pro richtig zugeordnetem Schritt.

Zubereitung:

8 Rosmarinblättchen über alles streuen.

3 Teig dünn auf dem Backblech/Pizzastein ausrollen.

9 Zuletzt den flüssigen Honig mit einem Teelöffel in dünnem Strahl über den Käse geben.

1 Mehl und Wasser abmessen. Mit dem Öl und Salz in eine Rührschüssel geben.

6 Zwiebeln in sehr dünne Ringe schneiden und auf der Crème fraîche verteilen.

4 Die Crème fraîche vor dem Verstreichen leicht salzen und pfeffern.

2 Alles zu einem geschmeidigen, nicht mehr klebenden Teig verarbeiten, evtl. noch etwas Mehl hinzufügen, falls Teig zu klebrig.

11 Backen bis der Rand schön braun ist und der Käse anfängt zu zerlaufen.

5 Crème fraîche auf dem Teig mit einem Esslöffel verstreichen, ca. 1 cm Rand freilassen.

10 Den Flammkuchen auf höchster Stufe bei Ober-/Unterhitze 15 bis 20 Minuten backen.

7 Den Ziegenkäse in dünne Scheiben (ca. 0,5 cm) schneiden und ebenfalls auf den Flammkuchen legen.

12 Tipp: Schmeckt statt mit Ziegenkäse auch sehr gut mit halbierten Kirschtomaten, Rucola und Parmesan. Dann alles, was nach der Crème fraîche kommt, weglassen.

2 Bei dieser Art von **Bewertungsbogen** steht die entsprechende Punktzahl hinter jeder Zeile. Die Punkte in **roten** Kreisen sind allgemein. Stehen die Punkte nach der Zeile aber in einem **grünen**, **blauen** oder **orangefarbenen** Kreis, kannst du im **Beispieltext nach der Tabelle** sehen, für welche Aussagen du jeweils einen Punkt verdient hast.

Bewertungsbogen Vorgangsbeschreibung

	maximale Punktzahl	erreichte Punkte
1. ▸ Für **Test 16** und **Test 17: Rezept**: Meine **Überschrift** ist **treffend** gewählt.	1/2P	
▸ Für **Test 18: Spielanleitung**: braucht es keine **Überschrift**, da Emil das Spiel mündlich erklärt. Er sollte am Anfang aber den **Namen des Spiels** erwähnen. (siehe Beispieltext)	1/2P	
2. Meine **Einleitung** zählt alle benötigten Zutaten und/oder Hilfsmittel auf:		
▸ Für **Test 16: Rezept** (für Bepunktung siehe Beispieltext)	9,5P	
▸ Für **Test 17: Rezept** (bevor du die Zutaten aufzählst, solltest du zusätzlich kurz auf Matthias' E-Mail eingehen; für Bepunktung siehe Stichpunkte bei Test 17)	9P	
▸ Für **Test 18: Spielanleitung** (für Bepunktung siehe Beispieltext)	2P	
3. Mein **Hauptteil** ...		
▸ führt alle Schritte des Vorgangs in einer sinnvollen Reihenfolge auf.		
▸ Für **Test 16: Rezept** (für Bepunktung siehe Beispieltext)	 19P	
▸ Für **Test 17: Rezept** (für Bepunktung siehe Stichpunkte bei Test 17)	18P	
▸ Für **Test 18: Spielanleitung** (für Bepunktung siehe Beispieltext)	17P	
▸ gibt das Vorgehen vollständig, genau und sachlich wieder.	2P	
▸ ist logisch aufgebaut.	2P	
▸ bezeichnet alle Gegenstände genau so wie in der Einleitung.	1P	
4. Mein **Schluss** rundet die Vorgangsbeschreibung sinnvoll ab.	2P	
5. Mein **Aufsatz** ...		
▸ wird durch Absätze in **drei Teile** gegliedert.	2P	

- ist im **Präsens** verfasst. 2P
- enthält fast keine **Rechtschreib-** und **Grammatikfehler**. 2P
- enthält fast keine Fehler in der **Zeichensetzung**. 2P
- enthält fast keine Fehler im **Satzbau** und im **Ausdruck**. 2P
- enthält **treffende** Verben und Adjektive. 2P
- enthält **passende Verknüpfungen** zwischen den Arbeitsschritten, die die **zeitliche Reihenfolge** verdeutlichen („danach", „anschließend"...). 2P
- enthält eine **einheitliche Form der Anrede** („du"/„man"/„ihr") und verwendet den **Imperativ**. 2P

Es sind natürlich unterschiedliche Vorgangsbeschreibungen möglich, ein Rezept könnte beispielsweise so aussehen:

Flammkuchen mit Ziegenkäse 1/2P pro Zutat/Hilfsmittel (max. 9,5P)

Für einen Flammkuchen mit Ziegenkäse benötigst du die folgenden Zutaten: **200 g Mehl**, **2 EL Öl**, **125 ml Wasser**, **Salz** und **Pfeffer**, **200 g Crème fraîche**, **200 g rote Zwiebeln**, **200 g Ziegencamembert** oder **Ziegenrolle**, ca. **3 EL frisch gehackter Rosmarin** und **2 EL flüssiger Honig**. Zudem solltest du die folgenden Küchenutensilien bereitlegen: je einen **Ess- und Teelöffel**, ein **Schneidebrett** mit **Messer**, eine **Küchenwaage** und einen **Messbecher**, eine **Rührschüssel**, ein **Rührgerät mit Knethaken** (alternativ gehen auch die eigenen Hände) und ein **Backblech mit Backpapier**. Wer einen Backofen mit Pizzastein hat, kann auch diesen benutzen.

Zunächst musst du 200 g Mehl mit der Waage abwiegen und 125 ml Wasser mit dem Messbecher abmessen. Dann gibst du **beides** gemeinsam mit **2 EL Öl** und einem **Teelöffel Salz** in eine **Rührschüssel**. 2P **Verarbeite** nun alles zu einem **geschmeidigen, nicht mehr klebenden Teig**. 1P Dazu kannst du ein **Rührgerät mit Knethaken** verwenden oder auch **deine Hände**. 1P Sollte der Teil zu sehr **kleben**, kannst du **etwas Mehl hinzufügen**. 1P Anschließend **rollst du den Teig vorsichtig dünn auf dem Backblech mit Backpapier aus**. 1P Jetzt kannst du die **Crème fraîche leicht salzen und pfeffern** und **verstreichst sie dann auf dem Teig**. 2P Am einfachsten geht dies mit einem **Esslöffel**. 1P Achte darauf, dass du **ca. 1 cm Rand frei** lässt. 1P Im nächsten Schritt **schneidest du die Zwiebeln vorsichtig** mit dem **Messer auf dem Brett** in **sehr dünne Ringe** und **verteilst sie auf der Crème fraîche**. 3P Den **Ziegenkäse** schneidest du ebenfalls **in dünne Scheiben (ca. 0,5 cm)** und **legst ihn auf den Flammkuchen**. 2P Schließlich **streust du noch die feingehackten Rosmarinblättchen** darüber und gibst zum Abschluss **den flüssigen Honig mit einem Teelöffel in dünnem Strahl über den Käse**. 2P Den Flammkuchen musst du **auf höchster Stufe bei Ober-/Unterhitze ungefähr 15 bis 20 Minuten backen**. 1P Er ist fertig, wenn **der Rand schön braun ist und der Käse anfängt zu zerlaufen**. 1P

Guten Appetit! Solltest du einmal **etwas anders ausprobieren wollen, dann habe ich noch einen Tipp**. Der Flammkuchen schmeckt **statt mit Ziegenkäse auch sehr gut mit halbierten Kirschtomaten, Rucola und Parmesan. Dann alles, was nach der Crème fraîche kommt, weglassen und stattdessen die drei neuen Zutaten verwenden**.

Punkte	58-52	51,5-46	45,5-38	37,5-29	28,5-17	16,5-0
Note	1	2	3	4	5	6

17. Eine Vorgangsbeschreibung verfassen

Einen Beispieltext kannst du hier finden:

Beurteile deinen Text mit dem Bewertungsbogen **Vorgangsbeschreibung** bei **Test 16.**

Folgende Punkte sollten enthalten sein:

Überschrift: Schokoladenmuffins/Schokoladenkuchen

In der **Einleitung** solltest du kurz auf Matthias' E-Mail eingehen 1P und folgende Zutaten und Hilfsmittel nennen:

Zutaten:

250 g Butter 1/2P
250 g Zucker 1/2P
4 Eier 1/2P
2 TL Kakao 1/2P
2 TL Zimt 1/2P
100 g Zartbitterschokoraspeln (70 %) 1/2P
250 ml Rotwein 1/2P
250 g Mehl 1/2P
¾ Päckchen Backpulver 1/2P
evtl. Schokoladenglasur, Puderzucker 1/2P

Küchengeräte und -werkzeuge:

Rührschüssel 1/2P
Handrührgerät 1/2P
Waage 1/2P
Teelöffel 1/2P
24 Muffinformen/eine Kuchenform 1/2P
Backblech 1/2P

Hauptteil/Zubereitung:

1. **Butter und Zucker** in der **Schüssel** mit dem **Rührgerät schaumig rühren.** 3P
2. **Eier** dazugeben und gut **weiterrühren.** 2P
3. **Kakao**, **Zimt** und **Zartbitterschokoraspel** dazugeben und **kurz verrühren**, Schokolade ggf. zuvor hacken. 4P
4. **Rotwein**, **Mehl** und **Backpulver** dazugeben und **nur so lange verrühren, bis alles vermengt ist.** 4P
5. Bei **180° C ca. 25 Minuten (24 Muffins)** bzw. **ca. 50 min. (Kuchen)** in der Form **auf einem Blech im Ofen** backen. 
6. **Kuchen/Muffins abkühlen lassen** und mit **Schokoladenglasur überziehen oder mit Puderzucker** bestreuen. 2P

Schluss (hier gibt es mehrere Möglichkeiten, z. B.:)

Optional ist natürlich noch eine Dekoration möglich, z. B. mit Schokolinsen oder Gummibärchen.

- Eingehen auf die Einladung zur Geburtstagsfeier
- Vorschläge für die Dekoration oder eine zusätzliche Empfehlung, z. B. Sahne zum Kuchen servieren.

Punkte	50,5-45,5	45-41	40,5-33	32,5-25	24,5-15	14,5-0
Note	1	2	3	4	5	6

18. Eine Vorgangsbeschreibung überarbeiten

1 „Mau-Mau' 1/2P ist wirklich super, das müssen wir unbedingt nach dem Essen ausprobieren", erzählt Emil begeistert. „Wie funktioniert das Spiel denn und was brauchen wir dafür?", fragt seine Mutter. „Also erst mal muss man die Karten mischen 1/2P, dann bekommt jeder, der mitspielt, fünf Karten 1/2P. Ich musste beim ersten Mal noch einmal mischen, weil ich Karin aus Versehen sechs Karten gegeben habe. Sie hat gleich ziemlich rumgezickt deswegen, als ob das Absicht war ... Gewonnen hat der, der zuerst keine Karten mehr auf der Hand hat. 1/2P Wir haben dann noch ausgemacht, dass immer der linke Nachbar des Gebers den Stapel einmal abhebt 1/2P, damit niemand beim Mischen schummelt. Du brauchst das also gar nicht versuchen, Max. Die übrigen Karten haben wir verdeckt auf den Tisch gelegt 1/2P, nur die oberste drehten wir um und legten sie daneben. 1P Das ist gleich die erste Karte des Spiels. 1/2P Bei mir war es eine Sieben, deshalb musste Bene, der links neben mir saß, gleich zwei Karten ziehen. 1/2P Gespielt haben wir gegen den Uhrzeigersinn 1/2P. Jeder, der an der Reihe war, musste eine passende Karte auf den offenen Stapel legen. 1/2P Die gespielte Karte musste immer mit der obersten Karte auf dem Stapel übereinstimmen 1/2P, also wenn dort z. B. die Herz 9 lag, konnte man entweder eine Herzkarte oder eine 9 darauf legen. Wenn man keine passende Karte hat, muss man eine vom verdeckten Stapel ziehen. 1/2P Besonders toll sind Buben, die darf man nämlich immer legen 1/2P und sich dann eine Farbe wünschen. 1/2P Karin hatte gleich zwei davon. Wenn man die vorletzte Karte ablegt, muss man ‚Mau' sagen 1/2P und bei der letzten ‚Mau-Mau'. 1/2P Leon hat das vergessen und sich sehr geärgert, weil er dann zwei neue Karten ziehen musste 1/2P, dadurch wurde es noch mal richtig spannend. Ach ja, bei der 8 gibt es noch eine Sonderregel, da muss der nächste Spieler aussetzen. 1/2P Habt ihr Lust, das gemeinsam zu spielen?"

2

1P pro ausgefülltem Tabellenfeld.	Emil	Vorgangsbeschreibung
Aufbau	nicht deutlich, ein Text	dreigeteilt (Einleitung, Hauptteil, Schluss)
Reihenfolge	teils durcheinander	logische Reihenfolge, verdeutlicht durch passende Satzverknüpfungen
Schreibstil	persönliche Wertung	sachlich, neutral, keine Wertung
Anredeform	Ich-/Wir-Form; Nennung von Namen	du/man
Aussageform des Verbs	Indikativ	Imperativ oder Indikativ
Wortwahl	ausschmückend	anschauliche Adjektive, treffende Verben
Tempus	gemischt	Präsens

3 Beurteile deinen Text mit dem Bewertungsbogen **Vorgangsbeschreibung** bei **Test 16**.
Es sind natürlich ganz verschiedene Vorgangsbeschreibungen möglich, ein Text könnte beispielsweise so aussehen:

Ich habe in der Schule das Kartenspiel ‚**Mau-Mau**' 1/2P gelernt. Es hat wirklich großen Spaß gemacht, deshalb möchte ich euch erklären, wie es geht, damit wir auch einmal gemeinsam spielen können. Wir brauchen hierfür lediglich ein **Kartenspiel mit 32 Karten** 1P, üblicherweise verwendet man das **französische Blatt** 1P.

Zunächst einmal müssen die Karten **gut gemischt** werden. 1P Damit beim Mischen niemand betrügen kann, hebt **der linke Nachbar des Gebers den Stapel vor dem Austeilen einmal ab.** 1P Dann erhält **jeder Mitspieler fünf Karten.** 1P Die **übrigen Karten legt man verdeckt** auf den Tisch, nur **die oberste dreht man um** und legt sie **daneben.** 2P Das ist gleich die erste Karte des Spiels. Gespielt wird **gegen den Uhrzeigersinn.** 1P Jeder, der an der Reihe ist, muss **eine passende Karte aus seinen Handkarten auf den offenen Stapel legen.** 1P Die gespielte Karte muss **immer mit der obersten Karte auf dem Stapel übereinstimmen**, also wenn dort z. B. die Herz 9 liegt, kann man entweder eine Herzkarte oder eine 9 darauf legen. 1P Wenn man **keine passende Karte** hat, muss man **eine vom verdeckten Stapel ziehen.** 1P Zudem gibt es noch einige Karten mit einer besonderen Funktion. **Buben** darf man beispielsweise **immer legen und sich dann eine Farbe wünschen.** 2P Bei einer **Sieben** wiederum muss der nächste Spieler **zwei Karten vom Stapel ziehen.** 1P Die letzte Sonderkarte ist die **Acht**. Wird diese gelegt, muss **die Person, die anschließend an der Reihe ist, aussetzen.** 1P **Gewonnen** hat derjenige, der **zuerst keine Karten mehr auf der Hand hat.** 1P Aber Achtung, wenn man die **vorletzte Karte ablegt, muss man ‚Mau' sagen**, und **bei der letzten ‚Mau-Mau'.** 2P **Vergisst man dies**, muss man **zwei neue Karten ziehen** und es geht weiter. 1P

Ich hätte große Lust, das Spiel nach dem Essen einmal auszuprobieren. **Da Max ja noch recht klein ist, könnten wir auch ausmachen, dass er zu Beginn nur vier Karten bekommt**, dann hätte er einen kleinen Vorteil.

Punkte	66,5-61,5	61-54	53,5-44,5	44-33	32,5-20	19,5-0
Note	1	2	3	4	5	6

19. Tierbeschreibung

1 Bewertungsbogen Tierbeschreibung

	maximale Punktzahl	erreichte Punkte
1. Meine **Überschrift** ist **treffend** gewählt.	1 P	
2. Meine **Einleitung** ...		
▶ benennt das Tier. (für Bepunktung siehe Beispieltext)	2 P	
▶ enthält die Familie/Gattung, zu der das Tier gehört. (für Bepunktung siehe Beispieltext)	1 P	
3. Mein **Hauptteil** ...		
▶ enthält alle wichtigen Informationen zum Aussehen des Tieres. (für Bepunktung s. Beispieltext)	8 P	
▶ informiert über den Lebensraum des Tieres. (für Bepunktung siehe Beispieltext)	1 P	
▶ informiert über die Nahrung des Tieres. (für Bepunktung siehe Beispieltext)	2 P	
▶ enthält weitere wichtige Informationen über das Tier. (für Bepunktung siehe Beispieltext)	7 P	
4. Mein **Schluss rundet** die Beschreibung sinnvoll **ab**.	2 P	
5. Mein **Aufsatz** ...		
▶ ist in **drei** durch Absätze **getrennte Teile** gegliedert.	1 P	
▶ ist im **Präsens** verfasst.	2 P	
▶ enthält fast keine **Rechtschreib**- und **Grammatikfehler**.	2 P	
▶ enthält fast keine Fehler in der **Zeichensetzung**.	1 P	
▶ enthält fast keine Fehler im **Satzbau** und im **Ausdruck**.	2 P	
▶ enthält **treffende** Verben und Adjektive.	2 P	

Es sind natürlich ganz verschiedene Tierbeschreibungen möglich, ein Text könnte beispielsweise so aussehen:

Das Okapi

Das seltene **Okapi** (1 P), welches auch **Waldgiraffe** (1 P) genannt wird, gehört zur **Familie der Paarhufer** (1 P).

Es erinnert in der **Gestalt** an ein **Reh** (1 P), wird **durchschnittlich 2,50 m groß** (1 P) und **wiegt** zwischen **210 und 280 kg** (1 P). Der Großteil seines **kurzen Fells** ist von **dunkelbrauner Farbe**, das **Mittelstück des Kopfes, rund um die Augen, ist allerdings etwas heller** (1 P). Die **Vorder- und Hinterbeine** sind im **oberen Bereich schwarz** mit **dünnen weißen Streifen**, im **unteren Bereich weiß** und **kurz vor dem Huf schwarz** (1 P). Der **Kopf** läuft nach vorne hin **relativ spitz** zu (1/2 P) und die **Ohren stehen nach oben ab** (1 P). Die Augen liegen **seitlich am Kopf** (1/2 P). Ein besonderes Merkmal ist seine **blaue Zunge** (1 P).

Das Okapi lebt in den **zentralafrikanischen Regenwäldern** (1 P) und ernährt sich von den dort **wachsenden Blättern, Knospen und jungen Trieben**. Auch **Pilze** gehören auf seinen Speiseplan. (2 P) Es ist eher ein **scheuer** (1 P), **tagaktiver** (1 P) **Einzelgänger** (1 P), **zur Paarungszeit** trifft man aber auch **kleine Familien** an (1 P). Zu seinen **Feinden** zählen vor allem **Raubkatzen** und der **Mensch**, der das Okapi wegen seines Fleisches und Fells jagt (2 P). In seiner natürlichen Umgebung wird es durchschnittlich **20 Jahre alt, in Zoos sogar 33** (1 P).

Das Okapi ist vom **Aussterben bedroht** (der Punkt kann im Schluss oder auch im Hauptteil stehen), vor allem da sein Lebensraum durch die **Abholzung des Regenwaldes** immer kleiner wird, und bedarf deshalb eines besonderen Schutzes.

2 Steckbrief: Feldhamster

	maximale Punktzahl	erreichte Punkte
▶ Wissenschaftlicher Name: Cricetus cricetus	1 P	
▶ Größe: bis zu 30 Zentimeter	1 P	
▶ Gewicht: bis zu 500 Gramm	1 P	
▶ Gestalt: mäuseähnlich (knopfäugig, runde Ohren)	1 P	
▶ Fellfarbe: dunkle, fast schwarze Unterseite, hellbraune bis graue Oberseite, weiße Flecken an Flanken und Wangen	2 P	
▶ Lebenserwartung: 1,5 bis 2,5 Jahre	1 P	
▶ Lebensraum: Europa und der Westen Asiens	1 P	
▶ Nahrung: Getreidekörner, Klee, Früchte, Wurzeln, Kartoffeln, Rüben, Möhren, Insekten, Würmer, Schnecken, Frösche (1/2 P pro richtigem Stichpunkt.)	5 P	
▶ Feinde: Raubvögel, Mensch	2 P	
▶ Verhalten: Feldhamster sind **nachtaktiv** und **verbringen 90 % ihres Lebens in ihrem unterirdischen Bau**. Von **Oktober bis März halten sie Winterruhe**. Weitere Infos: Zwischen April und Juli kann ein Hamster bis zu dreimal Nachwuchs bekommen, jeweils etwa fünf Junge.	3 P	

- Besonderheiten: Da die kleinen Tiere **jede Menge Nahrung brauchen**, die sie **in ihren großen Backentaschen sammeln**, **fraßen sie früher regelmäßig Felder leer** und wurden daher von den Landwirten gejagt. Inzwischen stehen sie **selbst unter Naturschutz**, da **die vielen Maisfelder ihren natürlichen Lebensraum zerstören**. 5P 
- Unnötige Informationen (z. B.: Mais bringt mehr Geld als Weizen, Klage vorm Europäischen Gerichtshof) -1P 
- Viele Rechtschreibfehler -1P

Punkte	62-57	56,5-50	49,5-41,5	41-31	30,5-19	18,5-0
Note	1	2	3	4	5	6

20. Gegenstandsbeschreibung

1 1P pro ausgefülltem Tabellenfeld.

Name	Form, Farbe
Art bzw. Name des Gegenstands	Rucksack
Größe	ca. 40 cm
verschiedene Bestandteile	zwei große Fächer, ein Seitenfach für eine Trinkflasche, abgerundete Ecken, Reißverschluss, Henkel
Muster	Sterne
Farbe	dunkelblau mit hellblauen Sternen, gelber Reißverschluss, schwarze Schnallen, dunkelblauer Henkel
Material	Polyester (auch anderes Material wäre hier denkbar, z. B. Kunststoff oder Stoff)
Besonderheiten	Fußballanhänger am Reißverschluss des vorderen Fachs
Inhalt	Brotzeitdose (grün mit Früchten darauf), silberne Trinkflasche mit orangem Deckel, rot-weiße Fußballschuhe, weißes Handtuch

2 **Bewertungsbogen Gegenstands- und Personenbeschreibung** — maximale Punktzahl | erreichte Punkte

1. Für **Test 20: Suchanzeige**: Meine **Überschrift** ist **treffend** gewählt. 1P
   - Für **Test 21: Personenbeschreibung**: Hier braucht es nicht unbedingt eine Überschrift. 
2. Meine **Einleitung** ...
   - Für **Test 20: Suchanzeige**: gibt einen groben Überblick über den vermissten Gegenstand. (für Bepunktung siehe Beispieltext) 4P 
   - Für **Test 21: Personenbeschreibung**: gibt einen kurzen groben Überblick über die Person (Geschlecht, Alter). (für Bepunktung siehe Beispieltext) 2P
3. Mein **Hauptteil** ...
   - Für **Test 20: Suchanzeige**: enthält alle wichtigen Informationen zum Aussehen des Gegenstandes. (für Bepunktung siehe Beispieltext) 15P
   - Für **Test 21: Personenbeschreibung**: enthält alle wichtigen Informationen zum Aussehen der Person. (für Bepunktung siehe Beispieltext) 12P
4. Mein **Aufsatz** ...
   - ist in **drei** durch Absätze **getrennte Teile** gegliedert. (Dies muss nicht unbedingt sein.) 
   - ist im **Präsens** verfasst. 2P
   - enthält fast keine **Rechtschreib-** und **Grammatikfehler**. 2P
   - enthält fast keine Fehler in der **Zeichensetzung**. 1P
   - enthält fast keine Fehler im **Satzbau** und im **Ausdruck**. 2P
   - enthält **treffende Verben** und **Adjektive**. 2P

Es sind natürlich ganz verschiedene Gegenstandsbeschreibungen möglich, ein Text könnte beispielsweise so aussehen:

Rucksack vermisst!

Seit **Donnerstag, den 26. Mai 2022** (1P), vermisse ich, **Matteo** (1P), meinen **Sportrucksack**. (1P) Vermutlich habe ich ihn **auf dem Sportplatz vergessen**. (1P) Hat ihn jemand gesehen?

Es handelt sich um einen **dunkelblauen** Rucksack mit **hellblauen Sternen**. (2P) Er ist **ca. 40 cm hoch** und besteht aus **zwei großen Fächern** sowie **einem Seitenfach** für eine Trinkflasche. (3P) Die **oberen Ecken sind stark abgerundet**. (1P) Der Rucksack ist **aus Polyester** und leicht am **Fußballanhänger** zu erkennen (2P), der **am Reißverschluss des**

vorderen Faches hängt. (1P) Im Rucksack befinden sich eine **grüne Brotzeitdose** mit **aufgedruckten Früchten** (2P), eine **silberne Trinkflasche** mit **orangenem Deckel** (2P), **rot-weiße Fußballschuhe** (1P) sowie **ein graues Handtuch**. (1P)

Hinweise bitte unter Tel. XXX XXX

Punkte	37-33	32-29	28-23	22-19	18-11	10-0
Note	1	2	3	4	5	6

21. Personenbeschreibung

1 Beurteile deinen Text mit dem Bewertungsbogen **Gegenstands- und Personenbeschreibung** bei **Test 20**.

Es sind natürlich ganz verschiedene Personenbeschreibungen möglich, ein Text könnte beispielsweise so aussehen:

Die Person ist ein **Mädchen um die 20 Jahre** (Alter geschätzt, Abweichungen erlaubt) (1P) mit einer auffälligen Kopfbedeckung und einem großen Ohrring, **das den Betrachter über ihre linke Schulter hinweg anblickt**. (1P) Das Porträt endet auf Höhe der Achseln.

Das **hellhäutige, glatte runde Gesicht** (1P) hat einen **weichen Ausdruck/wirkt freundlich** (1P). Das Mädchen hat **braune Augen** (1P), die **Augenbrauen sind kaum zu erkennen**, sind also vermutlich hell (1P). Die **Nase ist von unauffälliger Form und Größe** (1P). Der Mund mit den **hellroten Lippen** ist leicht geöffnet, sodass der **Ansatz weißer Zähne** zu erkennen ist (2P).

Das Mädchen trägt eine edel wirkende **beigefarbene Jacke** (1P), von der sich ein **weißer Kragen** (1P) deutlich absetzt. Es ist nicht zu erkennen, ob dieser zur Jacke selbst gehört, oder zu einem Kleidungsstück darunter. Im Kontrast zur Jacke steht auch das **blau-gelbe** (1P) zu einem **Turban** (Begriff wird nicht erwartet) gebundene **Kopftuch**, **dessen hinterer Teil bis auf die Schultern herabhängt** (1P). Auffällig ist außerdem der im Licht funkelnde **Ohrring** des Mädchens, der wie eine **große silberne Perle** wirkt (1P).

2 (1/2P) pro Stichpunkt. Folgende Stichpunkte müssen enthalten sein:

Slupor:

- Jüngling **auf einem schwarzen Pferd**
- **Folgt aktuell den falschen Leuten**
- Wird **hartnäckig**, seinen **Auftrag Tiuri zu finden weiter verfolgen**
- **Kennt keine Gnade**
- **Sehr guter Spion**
- **Sehr schlechter Mensch**
- **Listig**, verschlagen, geht niemandem und nichts aus dem Weg
- Wird **Slupor** genannt, **wahrer Name unbekannt**
- Ist sehr **wandlungsfähig** (mal roter Reiter, mal Soldat, mal ...)
- **Durchschnittliches Aussehen** (nicht groß, nicht klein, nicht alt, nicht jung, weder blond noch dunkel)
- **Verräterische Augen** (falsch und böse wie bei einer Schlange)
- **Furchteinflößend**

Weitere Punkte: Ist verbissen, wird nicht aufgeben

Tiuri:

- **Sohn von Ritter Tiuri**
- War **Page seiner Mutter** und **Schildknappe des Vaters, mit dreizehn dann Schildknappe von Ritter Fartumar**, dann **im Dienst von König Dagonaut**
- Ist **in Tehuri aufgewachsen**
- Hat **während der Nachtwache vor dem Ritterschlag gegen die Regeln verstoßen**, indem er **die Tür öffnete**
- **Fürchtet nun, niemals Ritter zu werden**
- **Wird von Slupor und Jaro verfolgt**
- **Hat einen geheimen Auftrag** (Brief an König von Unauwen bringen)
- **Hat in Piak einen Führer und Freund gefunden**

Weitere Punkte: Ist gütig und barmherzig

Punkte	33-29	28,5-26	25,5-21	20,5-17	16,5-11	10,5-0
Note	1	2	3	4	5	6

22. Kurztest: (Unfall-)Bericht

1

	richtig	falsch
... was wichtig ist und was nicht.	☒	○
... für wen der Bericht gedacht ist.	☒	○
... wie ich die Spannung am längsten aufrechterhalten kann.	○	☒

2

	richtig	falsch
Was ist passiert?	☒	○
Wo ist es passiert?	☒	○
Wie viel Schaden ist entstanden?	○	☒
Wer war daran beteiligt?	☒	○
Wann hat es sich ereignet?	☒	○

3

	richtig	falsch
... nur im Präteritum verfasst werden.	○	☒
... wörtliche Zitate aus der Zeugenaussage enthalten.	○	☒
... deutlich machen, wie sich das Ereignis zugetragen hat.	☒	○
... klären, wie es zu dem Ereignis kam.	☒	○
... sachlich und ohne Spannung verfasst werden.	☒	○
... im Präteritum und ggf. im Plusquamperfekt und im Futur verfasst werden.	☒	○
... viele Adjektive enthalten.	☒	○

4

	richtig	falsch
... deutlich werden, welche Folgen das Ereignis hatte.	☒	○
... die Meinung des Autors/der Autorin zum Ereignis geäußert werden.	○	☒
... man Tipps und Vorschläge machen, wie so ein Ereignis verhindert werden könnte.	○	☒
... eine Moral aufgeführt werden.	○	☒

5

	passend	unpassend	Aufsatzteil
Der Einbrecher versuchte zuerst, über das offene Fenster in die Wohnung zu gelangen.	☒	○	Hauptteil
Der Polizist hetzte dem Einbrecher hinterher, doch dieser sprang blitzschnell über eine Hecke.	○	☒	
In der Nacht von Dienstag auf Mittwoch ereignete sich in der Münchner Str. 13 ein Einbruchsversuch.	☒	○	Einleitung
Durch den Einbruchsversuch entstand ein Sachschaden in Höhe von 350 €.	☒	○	Schluss
Scheinbar hatte der Einbrecher gar kein schlechtes Gewissen.	○	☒	
Auch auf Nachfrage konnte mir die Polizei keine Informationen zum Verbleib der Beute geben.	○	☒	
Der Nachbar wurde durch das Zerbrechen der Fensterscheibe auf den Einbrecher aufmerksam.	☒	○	Hauptteil
Den armen Bewohnern ist zum Glück nichts passiert.	○	☒	

Punkte	**31-28**	**27-25**	**24-20**	**19-15**	**14-9**	**8-0**
Note	**1**	**2**	**3**	**4**	**5**	**6**

23. Einen Unfallbericht mit Hilfe verfassen

Je 1/2 P für jede korrekte Verbform (max. 16,5 P) und jeden Satz an der richtigen Position (max. 7,5 P).

1 ***Pony scheut vor Schäferhund***

2 Am gestrigen Freitag gegen 15.15 Uhr **ereignete** sich im Neusser Stadtteil Norf ein Reitunfall mit einer Verletzten und Sachschaden. 3 Beteiligt **waren** eine elfjährige Schülerin auf ihrem Pferd sowie eine ältere Dame mit einem Schäferhund. 4 Gegen 15.00 Uhr **verließ** die elfjährige Amelie Friese mit ihrem Pony Anni den Reiterhof „Pferdeglück" in Richtung Norfbach. 5 Das Mädchen **ritt** den Gottfried-Ben-Weg entlang und **wollte** gerade in die Ulmenallee einbiegen, als es ein lautes Bellen **hörte**. 6 Kurz zuvor **hatte** Elisabeth Dackel mit ihrem Schäferhund Rocky ihr Haus im Gerhart-Hauptmann-Weg **verlassen**. 7 Rocky **entdeckte** eine Katze, **riss** sich von der Leine los und **rannte** laut bellend in Richtung Ulmenallee. 8 Amelie Friese **bemerkte**, wie ihr Pony aufgrund des Bellens unruhig **wurde**, und **versuchte** daher **abzusteigen**. 9 In diesem Moment **schoss** jedoch bereits Rocky um die Ecke, sodass Anni **scheute** und das Mädchen auf seinen linken Arm **stürzte**. 10 Frau Dackel **erreichte** zeitgleich den Unfallort, **half** Amelie Friese **aufzustehen** und **versuchte** das Pferd **festzuhalten**. Dieses **sprang** jedoch seitwärts und **beschädigte** dabei ein parkendes Auto. 11 Zwei weiteren Passanten **gelang** es schließlich, das Tier **zu beruhigen** und **festzuhalten**.

12 Der Hund **kehrte** selbstständig zu seiner Besitzerin **zurück**. Frau Dackel **rief** mit ihrem Handy die Polizei und einen Krankenwagen. 13 Die Sanitäter **untersuchten** die Verletzte noch am Unfallort.

14 Bei Amelie Friese **wurden** ein gebrochener Arm sowie einige blaue Flecken **festgestellt**. 15 Der Arm **muss** vermutlich drei Wochen ruhiggestellt **werden**. 16 Der Sachschaden am parkenden Auto **beträgt** 500 €.

Punkte	**24-21**	**20,5-18**	**17,5-15**	**14,5-12**	**11,5-8**	**7,5-0**
Note	**1**	**2**	**3**	**4**	**5**	**6**

24. Einen Unfallbericht verfassen

Bewertungsbogen Bericht

	maximale Punktzahl	erreichte Punkte
1. Meine **Überschrift** ist **treffend** gewählt und benennt das Ereignis genau.	1P	
2. Meine **Einleitung** informiert knapp darüber, was wann wo geschah und wer beteiligt war.		
▸ Für **Test 24: Unfall** (für Bepunktung siehe Beispieltext)	9P	
▸ Für **Test 25: Zeitungsbericht** (für Bepunktung siehe Beispieltext)	6P	
▸ Für **Test 26: Comic** (für Bepunktung siehe Beispieltext)	7P	
3. Im **Hauptteil** ...		
▸ wird der Unfallhergang in der zeitlich korrekten **Reihenfolge** geschildert und es werden die Ursachen benannt.		
▸ Für **Test 24: Unfall** (für Bepunktung siehe Beispieltext)	12P	
▸ Für **Test 25: Zeitungsbericht** (für Bepunktung siehe Beispieltext)	10P	
▸ Für **Test 26: Comic** (für Bepunktung siehe Beispieltext)	11P	
▸ wird das Vorgehen **vollständig**, **genau** und **sachlich** wiedergegeben.	1P	
▸ werden nur die wesentlichen Informationen der Zeugenaussagen berücksichtigt.	2P	
4. Im **Schluss** werden alle Folgen genannt.		
▸ Für **Test 24: Unfall** (für Bepunktung siehe Beispieltext)	7P	
▸ Für **Test 25: Zeitungsbericht** (für Bepunktung siehe Beispieltext)	5P	
▸ Für **Test 26: Comic** (für Bepunktung siehe Beispieltext)	2P	
5. Mein **Aufsatz** ...		
▸ ist in **drei** durch Absätze **getrennte Teile** gegliedert.	2P	
▸ ist im **Präteritum** bzw. **Plusquamperfekt** verfasst.	2P	
▸ enthält fast keine **Rechtschreib**- und **Grammatikfehler**.	2P	
▸ enthält fast keine Fehler in der **Zeichensetzung**.	2P	
▸ enthält fast keine Fehler im **Satzbau** und im **Ausdruck**.	2P	
▸ enthält **treffende Verben** und **Adjektive**.	2P	
▸ enthält **passende Verknüpfungen** zwischen den Arbeitsschritten, die die **zeitliche Reihenfolge** sowie **Ursachen** und **Folgen** verdeutlichen („danach",„deshalb"...).	2P	

Es sind natürlich ganz verschiedene Lösungen möglich, ein Unfallbericht könnte beispielsweise so aussehen:

Audi-Fahrer übersieht Radler im Schneechaos

Am **Mittwoch den 11. Januar** ereignete sich **um 15.45 Uhr** (2P) in **München-Pasing** in der **Turmstraße/Ecke Hauptstraße** (2P) ein **Verkehrsunfall mit Fahrradbeteiligung** (2P). Beteiligt waren der **65-jährige Ralph Raser**, **der 15-jährige Oli Neuer** sowie **Gustl Gärtner** (3P).

Oli Neuer fuhr mit seinem Fahrrad (1P) **die Hauptstraße** (1P) Richtung Prof. Siebenkäs-Gymnasium entlang. Währenddessen fuhr **Ralph Raser mit seinem Audi trotz Schneefall** (1P) **mit überhöhter Geschwindigkeit** (1P) auf der **Turmstraße** (1P) **An der Kreuzung zur Hauptstraße**, an welcher Rechts vor Links herrscht, hatte er **keinen guten Einblick** in diese, da **auf der rechten Straßenseite der Lieferwagen von Gustl Gärtner im Parkverbot stand.** (2P) So **übersah Ralph Raser den Radfahrer** und fuhr weiter in die Kreuzung. (1P) Als er den Jugendlichen auf seinem Fahrrad sah, machte er eine **Vollbremsung. Oli Neuer konnte noch ausweichen** (1P), **stürzte aber** (1P) auf der schneeglatten Fahrbahn. In der **Folge des Sturzes rutschte das Fahrrad in das Auto.** (1P) **Ralph Raser verständigte umgehend die Polizei und den Krankenwagen.** (1P) Der Notarzt untersuchte beide noch am Unfallort.

Oli Neuer erlitt einen **Bruch am rechten Arm sowie einige Schürfwunden.** (2P) Er wurde ins Krankenhaus gebracht. Ralph Raser erlitt **ein Schleudertrauma** und musste ebenfalls ärztlich versorgt werden. (1P) Das **Fahrrad im Wert von 600 € war ein Totalschaden** (1P), am **Audi war lediglich die Stoßstange beschädigt.** (1P) **Ralph Raser hat mit einer Strafe wegen überhöhter Geschwindigkeit** zu rechnen, **Gustl Gärtner erhielt eine Anzeige wegen Falschparkens.** (2P)

Punkte	46-42	41-37	36-31	30-23	22-14	13-0
Note	1	2	3	4	5	6

25. Einen (Zeitungs-)Bericht verfassen

Beurteile deinen Text mit dem Bewertungsbogen **Bericht** bei **Test 24**.

Es sind natürlich ganz verschiedene Zeitungsberichte möglich, ein Text könnte beispielsweise so aussehen:

Einbruch in Einfamilienhaus in Hausham

Am **Montag, den 26. Oktober 2022** (1P), fand **gegen 23.30 Uhr** (1P) ein **Einbruch mit Diebstahl** (1P) in einem **Einfamilienhaus im Benzingweg in Hausham** (1P) statt. Das Haus wird bewohnt von **Elsa Schödel, 72 Jahre**, Rentnerin, sowie **ihrem Mann Horst Schödel, 73 Jahre**, Rentner (2P).

Vermutlich hatte der Täter **das Haus ausgekundschaftet** und aus den geschlossenen Rollläden geschlussfolgert, dass die Besitzer verreist sind. (1P) Zudem stellte er vermutlich bereits zu diesem Zeitpunkt fest, dass **weder Alarmanlage noch Videoüberwachung vorhanden** waren. (2P) Der Täter drang **durch die Hintertür** (1P) ins Haus ein, diese wurde **vermutlich mit einem Stemmeisen geöffnet** (1P). Der Täter konnte **den Safe öffnen** (1P), in diesem befand sich jedoch **nichts von Wert** (1P). Gestohlen wurden allerdings **zwei alte handgeschnitzte Holzfiguren im Wert von je 250 €** (1P) und **eine Pfeifensammlung mit einem Gesamtwert von ca. 300 €** (1P). Wichtige **Hinweise** zur Ergreifung des Einbrechers **lieferte der 16-jährige Nachbar Deniz**, dem **das Auto des Täters aufgefallen** war. (1P)

Der Täter konnte insgesamt **Diebesgut im Wert von 800 €** (1P) mitnehmen. Zudem entstanden während des Einbruchs **Kratzer am Türrahmen** (1P). Die **Zeugenaussage führte letztendlich zur Verhaftung des Täters** durch die Polizei. (1P) Er konnte **anhand eines Tattoos identifiziert** werden. (1P) Die Beute konnte jedoch **nicht wiederbeschafft** werden. (1P)

Punkte	39-35	34-32	31-25	24-20	19-12	11-0
Note	1	2	3	4	5	6

26. Einen Unfallbericht überarbeiten

Beurteile deinen Text mit dem Bewertungsbogen **Bericht** bei **Test 24**.

Es sind natürlich ganz verschiedene Unfallberichte möglich, ein Text könnte beispielsweise so aussehen:

Feuerwehr rettet Mädchen mit Kätzchen aus Baum

Am Donnerstag, den **08.06.2023** (Datum siehe Zeitung in Bild 4), **um 11.15 Uhr** (2P) musste **die Feuerwehr ausrücken** (1P), um **dem Mädchen Kira Özdemir und seinem Kater Max** (2P) zu helfen, die **in der Berliner Allee** (1P) **auf einem Baum festsaßen** (1P).

Kira Özdemir hatte zwei Tage vor dem Vorfall ein kleines Kätzchen bekommen, welches sie am Tag des Ereignisses um 11 Uhr **das erste Mal in den Garten ihres Hauses im Potsdamer Weg** ließ. (1P) Während sie ihre **Schuhe holte, sprang Max über den Gartenzaun.** (1P) Nachdem sie **vergeblich nach ihm gerufen** hatte, **machte sich Kira auf die Suche** nach ihrem Kater. (1P) Sie vermutete, dass er dem **Vogel gefolgt** (1P) war, den er gleich bei Betreten des Gartens ins Auge gefasst hatte. Kira **fand Max auf einem Baum. Sie kletterte hinauf, um ihn zu holen** (1P), doch dabei **brach ein Ast ab, sodass sie nicht mehr hinunter kam** (1P). Beim Versuch, Hilfe zu holen, **fiel ihr das Handy zu Boden.** (1P) Eine **Passantin namens Mika Meier** (1P) **entdeckte das Mädchen und das Kätzchen** (1P) auf dem Baum und **alarmierte die Feuerwehr.** (1P) Diese **holte Kira Özdemir und Max mithilfe einer Drehleiter vom Baum.** (1P)

Verletzt wurde bei dem Unfall **niemand** (1P). Das **Handy im Wert von 200 € ging jedoch zu Bruch.** (1P)

Punkte	38-34	33-30	29-24	23-19	18-11	10-0
Note	1	2	3	4	5	6

27. Kurztest: Der Brief – Berichten und die eigene Meinung begründen

1

	richtig	falsch
... ob es sich um einen sachlichen oder einen persönlichen Brief handelt.	☒	○
... welche Argumente den Empfänger oder die Empfängerin überzeugen könnten.	☒	○
... ob ein Brief oder eine E-Mail verfasst werden soll.	☒	○

2

	richtig	falsch
... kurz und knapp formuliert werden.	☒	○
... die Argumente andeuten.	○	☒
... im Präteritum formuliert werden.	○	☒
... Spannung erzeugen.	○	☒
... das Anliegen klar machen.	☒	○

3

	richtig	falsch
... ausschließlich im Präteritum verfasst werden.	○	☒
... wörtliche Rede enthalten.	○	☒
... den Sachverhalt schildern.	☒	○
... passende Argumente enthalten.	☒	○
... höflich und nicht in Umgangssprache verfasst werden.	☒	○
... Beispiele enthalten, die die Argumente untermauern.	☒	○

4

	richtig	falsch
... sollte das Anliegen wiederholen.	☒	○
... sollte eine Lehre enthalten.	○	☒
... kann zusätzliche Tipps und Vorschläge enthalten.	○	☒
... sollte von der Grußformel gefolgt werden.	☒	○

5

	passend	unpassend	Aufsatzteil
Hi Frau Wandtke,	○	☒	
Man könnte beispielsweise zweimal in der Woche einen Salat anbieten.	☒	○	Hauptteil
Ich habe den Eindruck, dass sich vor allem die jüngeren Schüler überwiegend Süßigkeiten kaufen.	☒	○	Hauptteil
Das Zeug, das dort verkauft wird, schmeckt grausam.	○	☒	
Gesünderes Angebot am Pausenverkauf	☒	○	Betreff
Gruß und Kuss	○	☒	
Sehr geehrter Herr Direktor Neuer,	☒	○	Anrede
Ich schreibe Ihnen, da ich das aktuelle Angebot am Pausenkiosk als zu ungesund empfinde.	☒	○	Einleitung
Das denken Sie doch auch, oder?	○	☒	

Punkte	**32-29**	**28-25**	**24-20**	**19-16**	**15-10**	**9-0**
Note	**1**	**2**	**3**	**4**	**5**	**6**

28. Kurztest: Der Brief – Berichten und die eigene Meinung begründen

1 Passende Konjunktionen sind z. B.: da, dadurch, dass, denn, weil, deshalb, deswegen

2

1	Abschiedsbrief	1	Trauerbrief	1	Liebesbrief
1	Genesungsbrief	2	geschäftlicher Brief	2	Rechnung
2	Bewerbung	1	Einladung	2	Briefe von einem öffentlichen Amt
1	Urlaubsbrief	1	Glückwunschbrief	1	Brief an Familie/Freunde

3

3	Betreff	5	Einleitung	4	Anrede
8	Grußformel	2	Adresse	9	Unterschrift
1	Absender	6	Hauptteil	7	Schluss

4 **Anrede:** z. B. Guten Tag; Hallo; Liebe/r; Sehr geehrte/r

Grußformel: z. B. Bis bald; Bis dann; Herzliche/Liebe/Viele Grüße; Mit freundlichen Grüßen

5 Je 1/2 P für jede richtige Zeile.

Korbinian Schreiner
Korsikaallee 6
23552 Lübeck

Fanny Schreiner
Ostseestraße 85
39116 Magdeburg

Punkte	**31-27,5**	**27-24**	**23,5-19,5**	**19-15**	**14,5-9**	**8,5-0**
Note	**1**	**2**	**3**	**4**	**5**	**6**

29. Einen sachlichen Brief mit Hilfe verfassen

1 2P für die Formulierung des Sachverhalts, 1P für ein Beispiel, 1P pro passendem Argument (max. 2P).
Ein möglicher Hauptteil könnte wie folgt lauten:

Traditionell findet der 1. Wandertag an unserem Gymnasium jedes Jahr Ende Oktober statt. Wir haben uns unter den Schülern umgehört und die meisten empfinden diesen Termin als unvorteilhaft. Unsere Klasse wollte beispielsweise am Hackensee Grillen gehen, doch es war kalt und hat in Strömen geregnet. Daher mussten wir in der Schule bleiben und konnten nur in der Turnhalle spielen. Ende September ist das Wetter deutlich sicherer und der Wandertag würde nicht wieder „ins Wasser fallen". Der Wandertag ist eigentlich zum Wandern und für Aktivitäten an der frischen Luft gedacht. Das ist gesund und vielleicht entdeckt der ein oder andere „Stubenhocker" dadurch die Liebe zur Natur. Aufgrund des Wetterrisikos Ende Oktober entscheiden sich viele aber für Kino, Laser-Tag o. ä. Der Wandertag soll jedoch grundsätzlich nicht für Aktivitäten innerhalb geschlossener Räume veranstaltet werden und auch bei den Eltern sind solche Ausflüge nicht beliebt.

Weiteres mögliches Argument: Stärkung der Klassengemeinschaft durch den Wandertag direkt zu Beginn des Schuljahres

2a Je 1/2P für jeden Pro-/Contra-Punkt und für jede Begründung. Natürlich sind auch andere passende (Kritik-)Punkte möglich.

	Das gefällt mir:	**Warum? Begründung und Beispiel**
1	Klassenfahrt in der 5. Klasse	Kennenlernen der Mitschüler, Stärkung der neuen Klassengemeinschaft
2	Großes Pausengelände	Sitzgelegenheiten, Tischtennisplatten, Fußballplatz, Klettergerüst
3	Großes Angebot an Wahlkursen	Verschiedene Sportarten, Theater- und Näh-AG, Chor, Orchester
	Das gefällt mir nicht:	**Warum? Begründung und Beispiel**
1	Nachmittagsunterricht	Keine Hauptfächer am Nachmittag, da man sich nicht gut konzentrieren kann
2	Gedränge auf den engen Gängen	Schultaschen und Jacken auf den Gängen, evtl. helfen Spinde/Garderoben
3	Sehr großer Leistungsdruck	Viel Stress, evtl. unangekündigte Leistungsnachweise abschaffen

2b **Bewertungsbogen Brief/E-Mail**

	maximale Punktzahl	erreichte Punkte
1. Mein **Brief**/Meine **Mail** ist **korrekt aufgebaut**, denn ...		
▸ Für **Test 29. 2b** und **Test 33: Brief**: er beginnt links oben mit den **Adressen** von **Absender** und **Empfänger**.	1P	
▸ Für **Test 31: Mail**: sie beginnt mit den **E-Mail-Adressen** von **Absender** und **Empfänger**.	1P	
▸ Für **Test 32: Brief**: Adressen sind nicht nötig, daher fallen diese Punkte weg.	X	
▸ Für **Test 29. 2b** und **Test 31: Mail**: ich habe einen passenden **Betreff** gefunden.	1P	
▸ Für **Test 32: Brief** und **Test 33: Brief**: Ein Betreff ist nicht unbedingt notwendig.	X	
▸ Für **Test 29. 2b**, **Test 32** und **Test 33: Brief**: ich habe **Datum** und **Ort** an den rechten Rand geschrieben.	2P	
▸ Für **Test 31: Mail**: Datum und Ort sind hier nicht notwendig.	X	
▸ ich habe die richtige **Anrede** gewählt und danach **eine Zeile frei** gelassen.	3P	
▸ ich habe hinter die Anrede ein **Komma** gesetzt und im Hauptteil **klein weitergeschrieben**.	2P	
▸ ich habe eine passende **Grußformel** gewählt und davor **eine Zeile frei** gelassen.	3P	
2. Meine **Einleitung** informiert knapp darüber, worum es in der Mail geht.		
▸ Für **Test 29. 2b: Brief**, **Test 31: Mail** und **Test 33: Brief** (für Bepunktung s. Beispieltext)	2P	
▸ Für **Test 32: Brief** (für Bepunktung siehe Beispieltext)	3P	
3. Im **Hauptteil** ...		
▸ wird der Sachverhalt/der Vorgang **kurz** zusammengefasst.		
▸ Für **Test 29. 2b: Brief**, **Test 31: Mail** und **Test 33: Brief** (für Bepunktung s. Beispieltext)	2P	
▸ Für **Test 32. Brief** (für Bepunktung siehe Beispieltext)	6P	
▸ finden sich **thematisch passende**, **überzeugende** und mit **Beispielen** veranschaulichte Argumente.		
▸ Für **Test 29. 2b: Brief** (für Bepunktung siehe Beispieltext)	12P	
▸ Für **Test 31. Mail** und **Test 33. Brief** 2P für jedes Argument.	6P	
▸ Für **Test 32: Brief** (für Bepunktung siehe Beispieltext)	8P	
4. In meinem **Schluss** wird noch einmal das Anliegen verdeutlicht.	4P	
5. Für **Test 29. 2b: Brief**, **Test 32: Brief** und **Test 33: Brief**: Mein Brief endet mit der **Abschiedsformel**, meiner Unterschrift und meinem Namen in Druckbuchstaben.	3P	
5. Für **Test 31: Mail**: Meine Mail endet mit der **Abschiedsformel** und meinem Namen.	2P	

6. Mein **Aufsatz** ...

- ist im **korrekten Tempus** verfasst. 1P
- enthält fast keine **Rechtschreib-** und **Grammatikfehler**. 1P
- enthält fast keine Fehler in der **Zeichensetzung**. 1P
- enthält fast keine Fehler im **Satzbau** und im **Ausdruck**. 1P
- ist **höflich** und **sachlich** formuliert. 1P
- enthält **passende Verknüpfungen**, um den Zusammenhang zu verdeutlichen. 1P

Es sind natürlich ganz verschiedene Briefe möglich, ein Text könnte beispielsweise so aussehen:

Nastasiya Petriw
Poststraße 22
20095 Hamburg

Carl Morsmann
Koppenhagener Allee 15
20099 Hamburg

Leipzig, 11.11.22

Rückblick auf das erste Halbjahr am Goethe-Gymnasium

Sehr geehrter Herr Morsmann,

meine **Klassenlehrerin Frau Hardy bat mich, Ihnen in diesem Brief eine kurze Rückmeldung** 1P über meine Eindrücke vom Goethe-Gymnasium zu geben. Ich bin nun **ein halbes Jahr auf Ihrer Schule** 1P und es freut mich, dass auch die Meinung der jüngsten Mitglieder der Schulfamilie zählt.

Gerne führe ich **die wichtigsten Punkte auf, die mir positiv aufgefallen** 1P sind, und solche, **bei denen ich mir Verbesserungen wünschen würde** 1P. Was mir bisher **am besten gefallen hat, war die Klassenfahrt gleich zu Beginn des Schuljahres** 1P. Durch diese habe ich **meine neuen Mitschüler sehr schnell kennengelernt und unsere Klassengemeinschaft wurde deutlich gestärkt** 1P. Im Vergleich zu unserer Grundschule ist **das Pausengelände des Goethe-Gymnasiums sehr groß** 1P, das finde ich wirklich gut. Durch **die Sitzgelegenheiten, die Tischtennisplatten, den Fußballplatz und das Klettergerüst ist für jeden etwas dabei** und es wird einem in der Pause bestimmt **nicht langweilig**. 1P Sehr praktisch finde ich auch **das große Angebot an Wahlkursen** 1P, so kann man sein Hobby **direkt im Anschluss an die Schule am selben Ort ausüben** 1P. Ich besuche z. B. die Theater-AG und spiele in der Schulmannschaft Hockey.

Dies führt mich gleich zu meinem **ersten Kritikpunkt**. Nicht so gut gefällt mir, dass wir **manchmal auch am Nachmittag Unterricht haben** 1P, dadurch bleibt nach den Hausaufgaben **nicht mehr so viel Zeit für Freizeit** 1P. Aber immerhin haben wir nachmittags keine Hauptfächer. Ich würde mir **wünschen, dass in der Aula Spinde oder Garderoben aufgestellt** 1P werden. Aktuell ist es **in den Gängen sehr eng, da überall Schultaschen und Jacken herumliegen** 1P. Manchmal kommt man kaum mehr durch. Was mich am meisten stört, ist der **sehr große Leistungsdruck** am Gymnasium. 1P Dieser wird **durch die unangekündigten Leistungsnachweise wie Stegreifaufgaben und Abfragen zusätzlich erhöht**. Ich würde mir wünschen, dass diese **abgeschafft** werden. 1P

Danke, dass Sie sich meine Meinung durchgelesen haben. Insgesamt bin ich sehr gerne auf dem Goethe-Gymnasium und vielleicht lässt sich die aktuelle Situation ja sogar noch etwas verbessern.

Mit freundlichen Grüßen
Nastasiya Petriw
Nastasiya Petriw

Punkte	52-47	46,5-42	41,5-32,5	32-26	25,5-16	15,5-0
Note	1	2	3	4	5	6

30. Einen sachlichen Brief überarbeiten

Hamburg, 02.03.23

Spendenlauf der 5. Klassen

Sehr geehrte Frau Dr. Spiegel,

wir, die Klasse 5c, möchten gerne gemeinsam mit unserer Klassenleitung Frau Ujha und unserem Sportlehrer Herrn Sprint, einen Spendenlauf für alle 5. Klassen organisieren. Aus diesem Grund möchten wir **Sie** um **Ihre** Erlaubnis sowie **Ihre** Unterstützung bitten. Wir haben mit Frau Ujha über den Krieg in der Ukraine gesprochen und darüber, dass viele Menschen nach Deutschland fliehen mussten. Auch unsere Schule hat einige Kinder und Jugendliche aufgenommen. Gemeinsam kam uns die Idee, einen Spendenlauf zu organis**ie**ren und mit dem Erl**ö**s Geflüchtete zu unterstützen. Wir planen den Spendenlauf für einen Vormittag Anfang Juni**,** wenn es schon recht warm, aber hoffentlich noch nicht zu heiß ist. Die Schüler der 5. Klassen würden sich selbst Sponsoren suchen, das können z. B. Verwandte, Lehrer oder auch Firmen sein, die sie je nach gelaufenen Runden bezahlen. Als Veranstaltungsort würden wir den Sportplatz vorschlagen. Dort **ist** genügend Platz und es ist gleich **nebenan**. Alles eingenommene Geld wird anschließend gespendet. Natürlich würde an diesem Vormittag Unterricht ausfallen und es muss vorab **einiges** organisiert werden, z. B. müsste die Schule **einen Elternbrief** verschicken. Trotzdem hoffe ich, dass wir Sie von unserer Idee überzeugen können. **Es heißt ja immer wieder, dass wir Jugendliche uns nur für uns selbst und unsere Handys interessieren.** Durch den Spendenlauf könnten wir beweisen, dass wir durchaus auch etwas Gutes für Menschen in Not tun können. **Vielleicht nimmt sich ja sogar der ein oder andere ein Beispiel an uns und es wird noch mehr gespendet.** ~~Es wäre doch toll, wenn an diesem Vormittag endlich einmal der Unterricht ausfallen würde, wir haben davon ja eh viel zu viel. Ein bisschen Sport an der frischen Luft ist ja auch nicht gerade ungesund.~~ **Wir würden uns an diesem Vormittag an der frischen Luft zudem sportlich betätigen und somit auch etwas für unsere Gesundheit tun.** Auch unsere Klassen- und die Schulgemeinschaft würden davon profitieren. Wir wollen den Spendenlauf gemeinsam mit den anderen drei fünften Klassen organisieren**_u**nd kämen so mehr in Kontakt mit unseren Mitschülern. Durch die gemeinsame wohltätige und sportliche Aktion würden wir uns alle besser kennenlernen und die Klassen- und Schulgemeinschaft würde gestärkt. Wir hoffen sehr, dass Sie **von der** Idee eines Spendenlaufs zu Gunsten ukrainischer Flüchtlinge genauso **begeistert** sind wie wir und uns bei der Durchführung unterstützen.

Mit freundlichen Grü**ß**en

Ihre Klasse 5c

Je 1P für die sprachlichen Fehler und je 3P für die Umformulierung der beiden fehlerhaften Argumente.

Punkte	24-21	20-18	17-15	14-12	11-8	7-0
Note	1	2	3	4	5	6

31. Einen sachlichen Brief verfassen

Einen Beispielbrief kannst du hier finden:

Beurteile deinen Text mit dem Bewertungsbogen **Brief/E-Mail** bei **Test 29**.
Diese Punkte sollten in deinem Brief enthalten sein:

Punkte für die Einleitung

- Die Schüler dürfen ihre Meinung zum Lehrer- und Klassenraumprinzip ebenfalls kundtun. 1P
- Die Mail wird an die Schülersprecherin geschickt, da sie die Meinungen sammelt. 1P

Zusammenfassung des Sachverhalts

- Es gab eine Diskussion in der Klasse, ob das bisherige Prinzip der Klassenräume beibehalten oder lieber das Lehrerraumprinzip eingeführt werden soll. 1P
- Die Klasse spricht sich für/gegen das Klassenraumprinzip aus. 1P

Mögliche Argumente für und gegen das Lehrerraumprinzip (natürlich gibt es weitere Argumente):

Pro

- Weniger Stress für die Lehrer
- Kurze Zwischenpausen mit Bewegung
- Dem Fach entsprechende Einrichtung der Räume (Deko + Bücher)

Contra

- Ständiges Tragen der Schultaschen
- Keine Möglichkeit zur Gestaltung des eigenen Klassenzimmers
- Unterschiedlicher Sitzplan je Fach
- Überfüllte Gänge

Punkte	32-28	27-25	24-20	19-16	15-10	9-0
Note	1	2	3	4	5	6

32. Einen persönlichen Brief verfassen

Beurteile deinen Text mit dem Bewertungsbogen **Brief/E-Mail** bei **Test 29**.

Es sind natürlich ganz verschiedene Briefe möglich, ein Brief könnte beispielsweise so aussehen:

Besuch eines Ferienlagers in den Sommerferien Nürnberg, den 29. April 2023

Liebe Mama/Lieber Papa,

ihr müsst ja dieses Jahr in den **Sommerferien** 1P leider beide arbeiten und ich werde viel alleine daheim sein. Gestern hat mir **Claudia die Internetseite www.ferienspass.de gezeigt** 1P, hier wird unter anderem auch eine **Kinderfreizeit in Südtirol** 1P angeboten. Wäre das nicht eine tolle Idee?
Claudia hat ihre Eltern schon überzeugt 1P und **damit auch ich dabei sein darf, habe ich die wichtigsten Argumente zusammengeschrieben** 1P: Das Ferienlager **dauert eine Woche (05.–12. August)** 1P und der **Anmeldeschluss ist am 26. Mai** 1P, ihr habt also noch Zeit zu überlegen. Die Woche **kostet 275 €** 1P, was **nicht billig** ist, aber **dafür ist in diesem Preis alles enthalten** 1P, die Busfahrt ab dem Nürnberger Hauptbahnhof, die Übernachtung, die Verpflegung und alle Aktivitäten und Ausflüge! Claudia und ich sind ja beide sehr sportlich und hier könnten wir uns so richtig austoben. Ihr sagt ja immer, dass Bewegung an der frischen Luft wichtig und sehr gesund ist. Es gibt **jede Menge Aktivitäten** im Freien, z. B. kann man **Wandern** gehen 1/2P oder **Mountainbike fahren** 1/2P. Natürlich nicht alleine, sondern mit ortskundigen Führern, die aufpassen, damit wir uns nicht verlaufen oder verfahren. Oben auf dem Gipfel gibt es dann sicher eine leckere Brotzeit und wir können die Aussicht auf Südtirol genießen. Gleich in der Nähe der Alm liegt ein **See** 1/2P, in dem man sich nach den Bergtouren erfrischen kann. Auf den Fotos im Internet sah er kristallklar aus. Sollte er doch zu kalt sein, so gibt es auch noch einen **Pool** 1/2P. Am Abend können Claudia und ich gemeinsam mit den anderen Kindern um das **Lagerfeuer** 1/2P sitzen und Stockbrot grillen. Dabei können wir uns gegenseitig besser kennenlernen**,** uns von unseren Erlebnissen erzählen oder viel-

leicht auch die eine oder andere Gruselgeschichte austauschen. Außerdem gibt es dort auch einen **Volleyball- und einen Fußballplatz** 1P sowie einen **Abenteuerspielplatz** 1/2 P und man kann sogar **Bogenschießen** 1/2 P, das wollte ich schon lange einmal ausprobieren. Wenn das Wetter einmal nicht so mitspielt, hat die Hütte auch eine **Bowlingbahn** 1/2 P, die wir umsonst nutzen dürfen. Zudem darf man selbst einmal ausprobieren, wie es funktioniert, **Butter herzustellen und Brot zu backen** 1/2 P. Vielleicht kann ich das danach für euch daheim ja auch einmal machen. Das wäre doch toll, ein Frühstück mit selbst gebackenem Brot! Für abends gibt es eine **Kinderdisco** 1/2 P, in der wir tanzen und singen können. Dann lohnt sich endlich der Modern-Dance-Kurs, den ich letztes Jahr gemacht habe. Du und Papa, ihr beschwert euch ja immer, dass ich zu viel am Handy sitze und **zu wenig draußen bin** 1P. Wenn ich nach Südtirol fahren dürfte, wäre ich gleich **eine ganze Woche in der Natur unterwegs**. Daheim würde ich ja doch wieder viel mit der Playstation spielen. So wüsstet ihr, dass ich gut aufgehoben bin. Ich fühle mich auch sicher nicht einsam oder bekomme Heimweh, falls ihr euch deswegen Sorgen macht, denn Claudia ist dabei und wir dürfen bestimmt ins selbe Zimmer. Vielleicht **finde** ich ja auch **neue Freunde** 1P.

Ich hoffe, ihr seid nach meinem Brief genauso begeistert wie Claudia und ich. Ich verspreche auch, euch eine wunderschöne Postkarte für unsere Sammlung am Kühlschrank zu schicken. Wenn ihr noch nicht restlos überzeugt seid, dann könnten wir ja z. B. Claudia und ihre Eltern zum Abendessen zu uns einladen und alles Weitere besprechen.

Liebe Grüße
Michelle
Eure Michelle

Punkte	40-35,5	35-31	30,5-26	25,5-21	20,5-12	11,5-0
Note	1	2	3	4	5	6

33. Einen persönlichen Brief verfassen

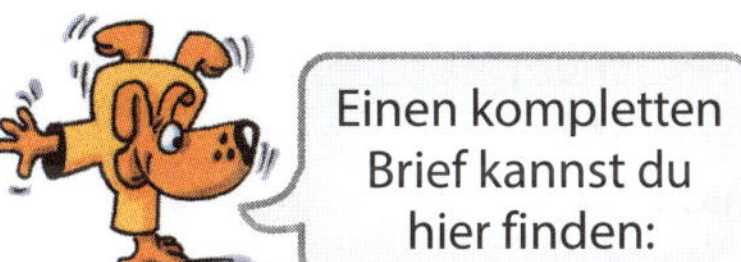

Beurteile deinen Text mit dem Bewertungsbogen **Brief/E-Mail** bei **Test 29**.
Diese Punkte sollten in deinem Brief enthalten sein:

Punkte für die Einleitung

- Besuch bei den Großeltern mit Ausflug 
- Vorschlag über Ausflugsziel 1P

Zusammenfassung des Sachverhalts

- Kosten des Ausflugsziels 1P
-  Entfernung 1P

Folgende Argumente könnten deinen Wunsch unterstützen (natürlich gibt es weitere Argumente):

AIR HOP

- Bei jedem Wetter möglich
- Trampolin hüpfen in sicherer Umgebung
- Großeltern können gemütlich zuschauen
- Man kann dort auch gleich etwas essen

Tierpark

- An der frischen Luft
- Spaß für Menschen jeden Alters
- Nicht nur Tiere, sondern auch Spielplatz
- Man kann dort auch gleich etwas essen
- Bietet viele interessante Informationen über Tiere

Therme

- Bei jedem Wetter möglich
- Spaß für Menschen jeden Alters
- Nicht nur Schwimmen, sondern auch Rutschen und Saunen
- Man kann dort auch gleich etwas essen

Punkte	34-30	29-27	26-22	21-18	17-11	10-0
Note	1	2	3	4	5	6

34. Gedichte

1a Je 1/2 P für jede richtig zugewiesene Zeile.

A		
	1	Es war einmal ein guter **Vater**,
	3	Der war garantiert nicht **krank**,
	2	dessen Haustier war ein **Kater**.
	4	lag aber immer auf der **Ofenbank**.
	7	Der Kater sprach: „Ich bin im **Tierschutzverein**!
	6	Fang Mäuse im Garten vorm **Haus**.
	8	Ist mir unmöglich, ein elender Mörder zu **sein**!“
	5	Der Vater rief: „Raus – raus – **raus**!“

Christine Nöstlinger

C		
	1	Frühling lässt sein blaues **Band**
	3	Süße, wohlbekannte **Düfte**
	2	Wieder flattern durch die **Lüfte**;
	4	Streifen ahnungsvoll das **Land**.

Eduard Mörike

B		
	1	Wenn dir ein Fels vom Herzen **fällt**,
	4	ein Kummer geht, ein Kummer **kommt** …
	3	So ist es nun mal auf der **Welt**;
	2	so fällt er auf den Fuß dir **prompt**!

Heinz Erhardt

D		
	3	da stolperte das **Trockenhorn**,
	2	spazierten durch die **Wüste**,
	1	Ein Nasshorn und ein **Trockenhorn**
	4	und's Nasshorn sagte: „**Siehste**!"

Heinz Erhardt

1b A **Paarreim**
B **Kreuzreim**
C **umarmender Reim**
D **Kreuzreim**

2 Ein Bär, das stärkste Tier im **Wald**,
trat einmal aus **Versehen**
dem armen Eichhorn **Willibald**
im Walde auf die **Zehen**.

Er sagte nicht: „Pardon, mein **Herr**!"
Er tappte in Gedanken
als Bär verquer im Wald daher.
(Ein Bär kennt keine **Schranken**.)

Da rief das Eichhorn Willibald:
„He, Dicker, bleib mal **stehen**!
Man tritt nicht einfach hier im **Wald**
wem anders auf die Zehen!"

Der Bär verhielt auf weichem Moos
verwundert seine **Schritte**
und fragte, ganz **gedankenlos**,
das kleine Tier: „Wie bitte?"

Das Eichhorn, das im Humpelschritt
zum Bären kam **geschritten**,
sprach: „Wer wem auf die Zehen **tritt**,
muss um Verzeihung bitten!

Wenn du auch stärker bist als ich
an Körperkraft und **Krallen**:
Dergleichen find ich **widerlich**!
Ich lass mir's nicht gefallen!"

Die Pfötchen voller Wut **geballt**
(Doch kleiner als ein Hase),
so trat das Eichhorn Willibald
dem Bären vor die **Nase**.

Der Bär, mit bärigem **Gebrumm**,
verblüfft und auch betreten,
hat in der Tat das Eichhorn um
Entschuldigung **gebeten**.

Da sprach das Eichhorn Willibald:
„Schon gut! Schon gut! Doch künftig,
gehst du mal wieder durch den **Wald**,
sei achtsam und **vernünftig**!"

„Gut", sprach der Bär, „ich merk es **mir**."
(Was Willibald sehr guttat.)
So kann man auch ein großes Tier
belehren, wenn man Mut **hat**.

3 Das Gedicht besteht aus **10 Strophen**. Das Gedicht besteht aus **40 Versen** (10 × 4)
Das Reimschema ist der **Kreuzreim**. Das Metrum ist ein **Jambus**.

4a Die **Personifikation**, z. B. Der Herbst **steht** auf der Leiter und **malt** die Blätter an; Die Tanne **spricht** zum Herbste

4b Es wird **Herbst** und die Blätter der Bäume **färben sich bunt** (1P). Die **Nadeln der Tanne** bleiben jedoch das ganze Jahr über gleich **grün** (1P).

5 **Lautmalerei**: Klirr und titscher - titscher - titscher - dirr ; Er zwitschert wie ein Vögelein
Vergleich: Er zwitschert wie ein Vögelein und tut als wie ein Schwälblein
(**Wiederholung**: ganz weit, ganz weit)

Punkte	47-42,5	42-38,5	38-30,5	30-23,5	23-14	13,5-0
Note	1	2	3	4	5	6

35. Ein Gedicht umschreiben

Beurteile deinen Text mit dem Bewertungsbogen **Ausgestaltung eines Erzählkerns** bei **Test 11**.

Punkte	42-38	37-34	33-27	26-21	20-13	12-0
Note	1	2	3	4	5	6

36. Die Fabel

1a
- Die Protagonisten (die Hauptrollen) sind zwei **Tiere** (Fuchs und Storch).
- Diese werden **personifiziert** (sie **ahmen typisch menschliche Handlungen nach**) und können **sprechen**.
- Meist kommen nur zwei Tiere (o. ä.) vor, die in der Regel **im Titel** genannt werden („Der Fuchs und der Storch").
- Die Fabel ist **sehr kurz**.
- **Dreiteiliger Aufbau: Ausgangssituation** (Fuchs lädt Storch zum Essen ein), **Konflikt** (Fuchs serviert das Essen so, dass es der Storch nicht essen kann.) und **Lösung** (Gegeneinladung durch den Storch und Rache). Die Lösung beinhaltet eine **belehrende Moral** (*Was du nicht willst, das man dir tu', das füg' auch keinem anderen zu.*)
- Die Protagonisten haben **eindeutige Charaktereigenschaften**, siehe Aufgabe **1b**.
- **Ort** und **Zeit** sind **unbekannt**.

1b **Fuchs**: z. B. (hinter)listig, gierig, gerissen, gemein
Storch: z. B. höflich, geduldig, beharrlich, stolz, nachtragend, schlau

1c Sieht jemand, wie ein anderer hinfällt, könnte er Schadenfreude empfinden und ihn auslachen. Wenn er selbst in eine ähnliche Situation gerät, merkt er erst, wie verletzend es sein kann.

2a Am Ende einer Fabel steht immer die **Moral/Lehre**.

2b Der Fuchs: listig und schlau; die Ente: dumm; der Bär: gutmütig und nett; weitere Tiere siehe Merkkasten auf S. 45

3 Folgende Sätze gehören nicht in die Fabel:

- Es war einmal vor langer, langer Zeit.
- In diesem Weinberg wuchsen nur die erlesenen Merlottrauben, mit ihrer samtblauen Farbe.
- Die Ziege war einfach unglaublich verfressen und schmatzte laut vor sich hin.
- Langsam und vorsichtig schlich er näher und näher, ganz darauf bedacht nicht von der Ziege gehört zu werden, setzte er vorsichtig einen Fuß vor den anderen.

4a Man spricht von „verkleideten Wahrheiten", da die **Aussagen über typisch menschliche** Handlungsweisen „verkleidet" werden, **indem sie von Tieren ausgeführt werden**. Zudem muss man den **Inhalt der Fabel interpretieren**, um die **Lehre zu verstehen**.

4b In dieser Fabel versteckt sich die Ziege unter einem Weinstock vor einem Jäger. **Der Weinstock bietet ihr also Schutz** und rettet ihr, zumindest vorerst, das Leben. Die Ziege ist jedoch **zu gierig** und statt Dankbarkeit zu zeigen, **frisst sie den Weinstock**. Dieses Geräusch (also ihre Undankbarkeit) macht letztendlich den **Jäger** erneut auf sie **aufmerksam**. Der Schaden am Weinstock ist jedoch bereits entstanden. **Sie kann sich nicht mehr verstecken und der Jäger erlegt sie.** Die „verkleidete Wahrheit" in dieser Fabel ist, dass **viele Menschen nur an sich selbst denken**. Selbst wenn man ihnen behilflich ist, bedanken sie sich nicht, sondern nutzen den Helfer bis zum Letzten aus. Passen würde hier auch das Sprichwort „Undank ist der Welten Lohn".

Punkte	27-24	23-21	20-17	16-14	13-8	8-0
Note	1	2	3	4	5	6

37. Eine Fabel erfassen und umschreiben

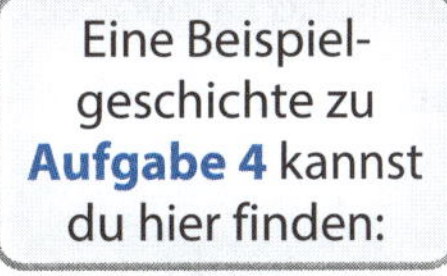

1 **Pferd**: hartherzig, hochmütig, stark
Esel: erschöpft, hilfesuchend, schwach

2 Das Pferd verhält sich **egoistisch**, da es dem Esel seine **Hilfe verwehrt**.

3 **Hilf anderen**, wenn sie dich darum bitten, vielleicht hast du letztendlich sogar **selbst etwas davon**. Im Original heißt es: „Hartherzigkeit straft sich gewöhnlich am Ende selbst und verdient dann nicht einmal Mitleid, weil sie eben dasselbe vorher ihren Mitbrüdern versagte."

4 Beurteile deinen Text mit dem Bewertungsbogen **Ausgestaltung eines Erzählkerns** bei **Test 11**.

Punkte	50-45	44-41	40-33	32-25	24-15	14-0
Note	1	2	3	4	5	6

38. Test: Die Fabel – Fortsetzung eines Erzählanfangs

1 In der Fabel „**Der Löwe und der Bär**" von **Äsop** beobachtet ein **Fuchs den Streit zwischen einem Bär und einem Löwen**. Beide beanspruchen die **Beute, ein Rehkalb, für sich**.

2 **Bär**: Der Bär ist „**wütend**" (Zeile 6) und hat „**große Pranken**" (Zeile 6); der **Löwe** ist „**zornig**" (Zeile 5) und hat „**scharfe Zähne**" (Zeile 5).

3 Je 1P für einen Schluss, der eine **Moral** enthält, das richtige **Tempus**, der Verwendung **wörtlicher Rede** und wenn du **weniger als 3 Fehler** gemacht hast.

Das Originalende lautet: Ein heißer Kampf entbrannte. Da jedes Tier gleich und sehr bedeutende Kräfte hatte, so war die Schlacht lange und heftig. Der Hunger ließ den Fuchs ungeduldig werden, doch dachte er: „Haben sich die Streitenden erst einmal aneinander abgemüht, können sie mir nichts mehr tun." So riss er sich zusammen und beobachtete den Kampf weiter. Zuletzt lagen der Löwe und der Bär ganz geschwächt auf der Erde. Sie bluteten, waren erschöpft und vollkommen unfähig nur einen Schritt zu machen. Da kam der schlaue Fuchs näher und trug vor ihren Augen lachend den Raub hinweg, um den beide so gelitten hatten.

4 **Wenn zwei sich streiten, freut sich der Dritte.**
Der Bär und der Löwe verausgaben sich bei ihrem Streit dermaßen, dass am Ende keiner mehr fähig ist, das gerissene Rehkalb vor dem Fuchs zu verteidigen. Dieser nutzt die Situation aus und freut sich über seine Beute, die er ohne viel Aufwand bekommen hat.
Eine weitere Möglichkeit wäre: **Geduld zahlt sich aus.**
Der Fuchs wartet geduldig ab, bis er die Beute ohne Gefahr mitnehmen kann. Hätte er dies zu früh versucht, wäre er in den Streit verwickelt worden.

Punkte	**14-13**	**12-11**	**10-9**	**8-7**	**7-4**	**3-0**
Note	**1**	**2**	**3**	**4**	**5**	**6**

39. Eine Fabel verfassen

1a z. B. Esel und Pferd

1b z. B. Wiese/Weide und Leckerlis

1c z. B. Hochmut kommt vor dem Fall

1d **Bewertungsbogen Fabel**

	trifft zu (2P)	trifft zum Teil zu (1P)	trifft nicht zu (0P)
1. Meine **Überschrift** enthält die **Namen** der beteiligten **Tiere**.			
2. Meine **Einleitung** enthält die **Ausgangssituation** der Fabel.			
3. In meinem **Hauptteil** ...			
▶ ahmen (typischerweise) ein bis drei Tiere **menschliche Handlungen** nach.			
▶ werden die typischen **Charaktereigenschaften** der Tiere deutlich.			
▶ ist die Erzählung **logisch** aufgebaut.			
4. Mein **Schluss** ...			
▶ **rundet** die Handlung sinnvoll ab.			
▶ enthält eine **passende Moral**.			
5. Meine **Fabel** ...			
▶ nennt **weder einen konkreten Ort, noch eine konkrete Zeit**.			
▶ ist im **Präteritum** verfasst.			
▶ enthält fast keine **Rechtschreib-** und **Grammatikfehler**.			
▶ enthält fast keine Fehler in der **Zeichensetzung**.			
▶ enthält fast keine Fehler im **Satzbau** und im **Ausdruck**.			
▶ enthält viele **treffende** und **abwechslungsreiche** Verben und Adjektive.			
▶ enthält an passenden Stellen **wörtliche Rede**.			
▶ ist recht **kurz**, zwischen einer viertel und einer dreiviertel Seite.			

Es sind natürlich ganz verschiedene Fabeln möglich, ein Text könnte beispielsweise so aussehen:

Der Esel und das Pferd

Ein Esel und ein Pferd gerieten auf der Wiese immer wieder in Streit, denn das Pferd machte sich gerne über den Esel lustig. Es zog ihn beispielsweise auf, da sein Fell recht struppig war, während das des Pferdes seidig glänzte, und die Beine des Esels viel kürzer und auch etwas krumm waren. Eines Tages fasste der Esel einen Entschluss. Er wollte dem Pferd beweisen, dass er genauso viel wert sei. „Ich bin zwar nicht so groß wie du, aber ich kann viel schneller laufen!", behauptete der Esel. Da lachte das Pferd wiehernd und forderte den Esel zu einer Wette heraus. „Wer von uns den Hof des Bauern zuerst umrundet hat, gewinnt." „In Ordnung, so machen wir es", stimmte der Esel zu. „Der Verlierer muss dem Sieger drei Tage lang seine Leckerlis geben." Kaum hatte das Pferd dem zugestimmt, da galoppierten beide auch schon los. „Der Sieg ist mir sicher!", dachte das Pferd, während seine Hufe über das Gras wirbelten. Es war sich seines Sieges so sicher, dass es auf der Hälfte der Strecke unter dem Apfelbaum des Bauern stehen blieb, erst einmal gemütlich zwei Äpfel pflückte und diese fraß. Dann nahm das Pferd noch einige Schlucke Wasser aus dem danebenstehenden Brunnen, bevor es weiter galoppierte. Der Esel hatte das Pferd beobachtet und einen kleinen Umweg hinter einer Scheune in Kauf genommen, sodass ihn das Pferd nicht sah. Er gab sein Bestes und galoppierte auf seinen kurzen und leicht krummen Beinen zwar recht langsam, aber ohne Pause um den Bauernhof und erreichte so letztendlich als Erster das Ziel. Erschöpft aber glücklich erwartete er das Pferd, denn Hochmut kommt bekanntlich vor dem Fall.

Punkte	**35-31**	**30-28**	**27-22**	**21-18**	**17-11**	**10-0**
Note	**1**	**2**	**3**	**4**	**5**	**6**

40. Märchen

1 Je (1P) für eine passende Textstelle zum Bären (max. 3P) und zu den Zaunkönigen (max. 3P).
Dem Bär gefällt der Gesang des Zaunkönigs (Z. 2) und er ist sehr neugierig auf dessen Palast (Z. 4, 10). Vor Ort ist er dann jedoch enttäuscht und bezeichnet den Palast hochmütig als „erbärmlich“ (Z. 12) und die Kinder als „unehrlich“ (Z. 13). Die Zaunkönige reagieren auf die Beleidigung durch den Bär „gewaltig bös“ (Z. 13 f.) und drohen Bär und Wolf (Z. 14 f.). Bär und Wolf reagieren auf die Drohung der ja eigentlich viel kleineren und schwächeren Tiere ängstlich und verstecken sich in ihren Höhlen (Z. 15). Später beschweren sich die stolzen Vogelküken bei ihren Eltern und verweigern das Essen, bis der Streit bereinigt ist. Dies führt zu einem „blutigen Krieg“ (Z. 21) zwischen den vierbeinigen und den geflügelten Tieren. Doch selbst nach ihrem überraschenden Sieg sind die Zaunkönige nicht zufrieden, sondern verlangen, dass der Bär seine Aussage vor ihnen zurücknimmt (Z. 50 f.), was dieser auch „voller Angst“ tut (Z. 54). Auch andere Textstellen sind möglich.

2 Sie **spioniert** die größeren Tiere aus (Signal durch Fuchsschwanz), sodass der Zaunkönig einen **Plan** (Stechen des Fuchses durch die Hornisse) erarbeiten kann, dem die geflügelten Tiere ihren **überraschenden Sieg** verdanken.

3 Aus deinem Text sollte klar hervorgehen, dass beide Tiere ihr Verhalten **bereuen** und vor allem der Bär erkannt hat, dass **seine Neugier und sein Hochmut den „Krieg“** (2P) ausgelöst haben.

(2P) erhältst du zusätzlich, wenn du weniger als 3 Fehler gemacht hast.

4 Das Märchen ist deutlich **länger** (1P), als es eine Fabel wäre, und viel **detaillierter** (1P). Zudem kommen **mehr** als nur zwei oder drei **Tiere** vor. (1P) Es ist zwar keine **konkrete Zeit** angeben, aber zumindest **„zur Sommerzeit“** (1P). Auch der **ursprüngliche Autor** ist **unbekannt** (1P), die Brüder Grimm haben das Märchen lediglich aufgeschrieben.

Punkte	18-16	15-14	13-11	10-9	8-5	4-0
Note	1	2	3	4	5	6

41. Allgemeiner Leistungstest

1

1. Abschnitt
- ○ Urlaubsziel Venedig
- ○ Die Stadt des Mondes
- ☒ Venedig – Victors Heimatstadt
- ○ Kanäle, Gassen, Dämme und Brücken

2. Abschnitt
- ○ Die Anprobe
- ☒ Privatdetektiv Victor Getz
- ○ Das neue Schild
- ○ Der neue Bart

3. Abschnitt
- ○ Zwischen Bärtesammlung und Perücken
- ☒ Ein erstes Kennenlernen
- ○ Tarnung ist wichtig
- ○ Victors Aufgabengebiete

4. Abschnitt
- ☒ Die neue Kundschaft
- ○ Prosper und Bo
- ○ Victors gutes Gedächtnis
- ○ Gesichter ja – Telefonnummern nein

5. Abschnitt
- ○ Koffer, Ehemänner, Hunde, entlaufene Eidechsen
- ○ Ungewöhnliche Namen
- ○ Eine Vorliebe für alles Seltsame
- ☒ Die verlorenen Kinder

2

☒ 1 ○ 2 ○ 3 ☒ 4 ○ 5 ○ 6

☒ 1 ○ 2 ☒ 3 ○ 4 ○ 5 ○ 6

3

○ richtig	☒ falsch	○ nicht enthalten
☒ richtig	○ falsch	○ nicht enthalten
○ richtig	☒ falsch	○ nicht enthalten
○ richtig	○ falsch	☒ nicht enthalten
☒ richtig	○ falsch	○ nicht enthalten

4 Die Zeilen dienen dazu ...

○ ... die Seiten des Buchs zu füllen.
☒ ... die Besonderheiten Venedigs zu veranschaulichen.
○ ... Victor zu charakterisieren.
○ ... den Leser zu unterhalten.

○ Metapher und Vergleich
○ Personifikation und Alliteration
☒ Vergleich und Personifikation
○ Metapher und Alliteration

☒ Metapher ○ Lautmalerei ○ Vergleich ○ Alliteration

5

	richtig	falsch	nicht enthalten
In Bayern gibt es einen hohen Stundensatz, aber wenig Aufträge.	○	○	☒
Mit dem höchsten Stundensatz ist in Hessen zu rechnen.	☒	○	○
In 40 % der Fälle kann der Fall nicht vollständig gelöst werden.	○	☒	○
Das Diagramm zur Aufklärungsquote ist ein Balkendiagramm.	○	☒	○
Zahlreiche Personen führen zwar Ermittlungen durch, haben aber kein Detektei-Gewerbe angemeldet.	☒	○	○
In drei Bundesländern kann der Stundensatz weniger als 50 € betragen.	☒	○	○

6

☒ angeben ○ erfreuen ○ liebäugeln ○ werben
○ schlanken ☒ kräftigen ○ starren ○ verrenkten
○ ärgerlich ○ beunruhigt ☒ misstrauisch ○ erfreut
○ üblich ○ gerne gesehen ○ verpflichtend ☒ zwingend notwendig

7 Victor waren seine neuen Auftraggeber **un**sympathisch.
In den engen Gassen der Stadt hat schon mancher die Orientierung **ver**loren.
Wenn man über die schmalen Brücken geht, ist Vorsicht **ge**boten.
Eine Möglichkeit wäre, dass sich die Kinder **ver**irrt hätten.
Die Adtoptiveltern **be**zweifelten nicht, dass Bo in Venedig war.

8 Esther und Max Hartlieb wirkten auf Victor recht **humorlos**.
Der Herr der Diebe ist der **geheimnisvolle** Anführer einer Kinderbande in Venedig.
Ihr **Misstrauen** war nicht unbegründet, denn ihre Tante ließ nach ihnen suchen.
Ist einer ihrer Flügel verletzt, dann sind sie **flugunfähig**.
Die Kinder **hasteten** um die Ecke, um sich zu verstecken.

9

rennen	~~schwimmen~~	sprinten	laufen
Ausflug	Reise	Fahrt	~~Urlaub~~
Stadt	Dorf	~~Straße~~	Ort
~~oben~~	unter	neben	zwischen

10 Venedig gehört zu **den** bekanntesten Städten der Welt. Das Zentrum der norditalienischen Stadt **liegt** auf über hundert Inseln in der Lagune von Venedig. Über die Hälfte der Gesamtfläche von Venedig besteht aus Wasser. Dieser Besonderheit **verdankt** die Stadt ihre Berühmtheit. **Zahlreiche** Brücken verbinden die engen Gassen der Stadt miteinander und anstelle eines Autos erkundet man sie besser zu Fuß oder mit einer der berühmten venezianischen Gondeln. **Das** sind lange und schmale Schiffe und sie werden von einem Gondoliere gesteuert. Hierfür verwendet er eine lange Holzgabel. Zudem stößt **er** sich häufig auch mit dem Bein von Hausmauern oder anderen Booten ab.

11 kennen: **Prädikat**
den geklauten Geldbeutel: **Akkusativobjekt**
geschickt: **Modaladverbiale**
in seinem Umhang: **Lokaladverbiale**
Den Polizisten: **Dativobjekt**
die Diebe: **Subjekt**

12

○ Futur ☒ Präteritum ○ Plusquamperfekt ○ Präsens ○ Perfekt
☒ Futur ○ Präteritum ○ Plusquamperfekt ○ Präsens ○ Perfekt
○ Futur ○ Präteritum ☒ Plusquamperfekt ○ Präsens ○ Perfekt
○ Futur ○ Präteritum ○ Plusquamperfekt ○ Präsens ☒ Perfekt

13 **Die Kinder blieben bei ihrer *Bande*.**
- ☒ Dativ Singular Femininum
- ◯ Akkusativ Singular Femininum
- ◯ Dativ Plural Femininum
- ◯ Akkusativ Singular Neutrum

***Bos* Kleidung bot ihm Schutz vor der Kälte.**
- ☒ Genitiv Singular Maskulinum
- ◯ Nominativ Singular Maskulinum
- ◯ Genitiv Plural Maskulinum
- ◯ Nominativ Plural Femininum

Victor kümmerte sich gut um seine *Verkleidungen*.
- ◯ Dativ Singular Neutrum
- ◯ Akkusativ Singular Maskulinum
- ◯ Genitiv Plural Femininum
- ☒ Akkusativ Plural Femininum

Der *Detektiv* nähert sich im Schutze der Nacht.
- ◯ Genitiv Singular Maskulinum
- ◯ Nominativ Singular Neutrum
- ◯ Dativ Singular Maskulinum
- ☒ Nominativ Singular Maskulinum

14 Dies Labyrinth von Brücken und von Ga**ss**en,
Die tausendfach sich ineinanderschlingen,
Wie wird hindurchzugehn mir je gelingen?
Wie werd ich je dies gro**ß**e Rät**s**el fa**ss**en?

15 Prosper **fühlt** sich verantwortlich für seinen jüngeren Bruder Bo und macht sich Sorgen über ihre Situation. Es fiel den beiden nicht schwer nach Venedig zu kommen, dort **verläuft** das Leben jedoch anders als erhofft. Die Stadt, von der ihre Mutter immer so geschwärmt hat, **präsentiert** sich im Herbst feucht und kalt und die Brüder haben zu dünne Kleidung und zu wenig Geld. Dann treffen sie aber **überraschend** andere Kinder, die zu **wahren** Freunden werden. Sie führen Prosper und Bo zu Scipio, dem Herrn der Diebe. Dieser ermöglicht es den Kindern, in einem **verlassenen** Kino zu wohnen, und versorgt sie mit Essen.

16 „Lassen Sie mir Anschrift und Telefonnummer hier und kommen wir zu meinem Honorar."
Während die Hartliebs sich wieder die enge Treppe hinunterquälten**,** trat Victor auf seinen Balkon hinaus. Der Wind fuhr ihm kalt ins Gesicht**,** er schmeckte nach Salz vom nahen Meer und Victor stützte sich fröstelnd auf das rostige Geländer und beobachtete**,** wie die Hartliebs die Brücke betraten**,** die zwei Häuser weiter den Kanal überspannte. Es war eine schöne Brücke**,** aber das bemerkten sie nicht.

Punkte	**76-69**	**68-62**	**61-50**	**49-38**	**37-23**	**22-0**
Note	**1**	**2**	**3**	**4**	**5**	**6**

42. Wortarten und Wortbedeutung

1 Eine **Laus** **las** **langsam** in ihrer **Lektüre**, während eine **eilige** **Ente** entsprechend **schnell** die **Expressmeldungen** **las**. Dies alles **war** jedoch der **kleinen** **Katze** ganz egal, denn sie **kletterte** **kerzengerade** den **Kastanienbaum** **hinauf**.
1/2P pro Wort, insg. 7,5 Punkte

2

Infinitiv	Imperativ Singular	Imperativ Plural
befehlen	**Befiehl!**	**Befehlt!**
geben	**Gib!**	**Gebt!**
fragen	**Frag!**	**Fragt!**
tragen	**Trag!**	**Tragt!**
nehmen	**Nimm!**	**Nehmt!**
aufpassen	**Pass auf!**	**Passt auf!**

3 Je 1/2P für jedes Adjektiv (max. 3P) und 1/2P für jede richtig zugewiesene Farbe (max. 3P).
Letzte Woche haben wir in der Schule einen **schwierigen** Deutschtest geschrieben. Unser Lehrer hat erwähnt, dass die **schwierigsten** Aufgaben zum Schluss kämen, aber für mich war die erste Aufgabe schon **komplizierter** als erwartet. Meine **beste** Freundin war nach dem Test auch nicht gerade **gut** gelaunt und so beschlossen wir, dass es **am sinnvollsten** wäre, wir würden beim nächsten Mal zuvor einige Übungen machen.

4 hell schön ~~leer~~ groß ~~minimal~~ schnell ~~lauwarm~~ ~~tot~~ heiß alt
-1P für jedes falsch durchgestrichene Adjektiv.

5
- [x] Sein Buch ist nur halb so dick wie meines.
- [ ] Sein Buch ist nur halb so dick als meines.

- [ ] Heute gibt es Kuchen, denn habe ich Geburtstag.
- [x] Heute gibt es Kuchen, denn ich habe Geburtstag.

- [x] Mach bitte die Tür zu!
- [ ] Machst du bitte die Tür zu!

- [ ] Clara ist größer wie Christian.
- [x] Clara ist größer als Christian.

Punkte	33,5-30	29,5-27,5	27-22	21,5-17	16,5-10	9,5-0
Note	1	2	3	4	5	6

43. Satzarten und Satzglieder

1

	richtig	falsch
Alle Relativsätze sind Nebensätze.	X	○
Ein Hauptsatz ist immer von einem Nebensatz abhängig.	○	X
Eine Lokaladverbiale ist eine Zeitangabe.	○	X
Adverbialien sind Satzglieder.	X	○
Ein Aufforderungssatz beginnt meist mit einem Verb.	X	○
Das Dativobjekt kann ich mit der Frage „Wen oder Was?" herausfinden.	○	X

2 Heute traf er besser, als er es gestern noch getan hatte.
Nachdem der Stürmer ein Tor geschossen hatte, jubelte er.
Wenn es morgen regnet, spielen wir das Turnier in der Halle.
Der Verein verpflichtete neue Spieler, da die Auswechselbank fast leer war.
Der Torwart trainierte Elfmeter und die Stürmer schossen.

3
1 **Dativobjekt**
2 **Genetivobjekt**
3 **Akkusativobjekt**
4 **Akkusativobjekt**
5 **Dativobjekt**
6 **Präpositionalobjekt**

4
- Gestern war Dienstag. **temporal**
- Aufgeregt schaltete er den Fernseher ein und starrte auf das Spielergebnis. **modal**
- Ob sie wohl heute alle gemeinsam ins Freibad gehen? **lokal**
- Aus Angst etwas zu vergessen, packte er seinen Koffer randvoll. **kausal**
- Kurz ertönte der Alarm, dann verstummte er. **modal**

Punkte	22-19	18-17	16-14	13-11	10-7	6-0
Note	1	2	3	4	5	6

44. Ausdrucksvermögen

1
nass **trocken**
Sommer **Winter**
Freude **Trauer**
aufbauen **abbauen**

2
- [ ] überhaupt
- [ ] kritisierte
- [x] Selbstbeherrschung
- [ ] nicht mehr

- [x] in seinem Bereich
- [ ] beschrieb
- [ ] Talent
- [ ] langsam

- [ ] in seiner Abteilung
- [x] äußerte
- [ ] Erziehung
- [x] schnell

- [ ] auf der Welt
- [ ] unterstützte
- [ ] Förderung
- [ ] immer mehr

3
- z. B. Die **Erde** im Garten umzugraben, ist ziemlich anstrengend.
- z. B. Als sie müde waren, setzten sie sich auf eine **Bank**.
- z. B. Sie flocht sich ein **Band** in die Haare.
- z. B. Langsam drehte sich der Schlüssel im **Schloss**.
- z. B. Den Deutschunterricht wird heute Frau Merz **vertreten**.

Punkte	13-12	11-10	9-8	7-6	5-4	3-0
Note	1	2	3	4	5	6

26. Einen Unfallbericht verfassen

Erstelle aus den im Comic enthaltenen Informationen einen vollständigen Unfallbericht.

Vor zwei Tagen hat Kira Özdemir ein kleines Kätzchen bekommen. Heute darf es das erste Mal aus dem Haus und raus in den Garten.

Der Bewertungsbogen im Lösungsteil zu **Test 24** hilft dir, deine Beschreibung selbst zu beurteilen und zu verbessern.

Von 38 Punkten hast du ____ erreicht.

Argumentieren

Das Wichtigste im Überblick

Argumentative/begründende Texte kennst du bereits aus der Grundschule, doch wahrscheinlich kommen in der Unterstufe einige Neuerungen hinzu. Oft wird das Argumentieren mit dem Verfassen eines Briefs verknüpft.

Zeiteinteilung

Meist bekommt man 60 Minuten Zeit, um einen argumentativen Text zu verfassen. Die folgende Zeiteinteilung kann dir als Orientierung dienen:

10 Minuten für die **Auswertung des Materials (falls vorhanden)**

10 Minuten für die **Planung**

5 Minuten für den **Briefkopf**

5 Minuten für die **Einleitung**

20 Minuten für den **Hauptteil**

5 Minuten für den **Schluss**

5 Minuten zur **Überarbeitung**

Nimm dir unbedingt die Zeit, deinen Aufsatz noch einmal genau zu lesen. Es ist immer besser, du findest die Fehler und nicht der Lehrer oder die Lehrerin!

Der sachliche Brief

Aufbau

Der äußere Aufbau eines Briefs ist klar geregelt und muss eingehalten werden.

Name des Absenders
Straße und Hausnummer
Postleitzahl und Ort

Name des Empfängers
Straße und Hausnummer
Postleitzahl und Ort

Ort, Datum

Betreffzeile
Anrede (Sehr geehrte(r) ...),

Text (durch Absätze gegliedert)

Grußformel (Mit freundlichen Grüßen)

Unterschrift
Name in Druckbuchstaben

Schreibstil

Sachliche Briefe sollten **knapp** formuliert werden und **genau** darüber **informieren**, worum es geht.

Möchte man den Empfänger oder die Empfängerin von etwas überzeugen, so müssen geeignete **Argumente** gefunden werden und es sollte ein **roter Faden** erkennbar sein.

Der Brief wird in sachlicher Sprache und einem **höflichen Ton** verfasst.

z. B. Es würde mich sehr freuen ..., Wir würden es begrüßen ..., Es wäre sehr hilfreich, wenn ..., Ich empfinde es als ungerecht, dass ...

Emotionale Ausdrücke sollten vermieden werden und es wird **keine Spannung** aufgebaut. Verwende die höflichen Anredepronomen „**Sie**" und „**Ihnen**" und **vermeide Umgangssprache**.

Betreff

Der Betreff benennt das Anliegen in **knapper Form** im **Nominalstil**.

z. B. Verlegung des Wandertags, Erweiterung des Angebots am Pausenkiosk, Längere Öffnungszeiten des städtischen Freibads

Anrede und Einleitung

Entscheide dich für eine **passende Anrede** und formuliere dein Anliegen in der **Einleitung**. Diese sollte aus **maximal zwei Sätzen** bestehen. In der Einleitung beginnst du mit einem **Kleinbuchstaben**, da die Anrede mit einem **Komma** endet.

Hauptteil

Der Hauptteil enthält eine kurze **Zusammenfassung des Sachverhalts/des Vorgangs (Vorgangsbeschreibung)** sowie deine **Argumente**. Diese sollten **thematisch passend** und mit **Beispielen** bekräftigt werden. Achte darauf, die Argumente mit **geeigneten Konjunktionen** zu verknüpfen, damit der Zusammenhang zwischen ihnen deutlich wird.

Nutze hierfür z. B. da, dadurch, demzufolge, damit, indem, weil, sodass.

Schluss und Grußformel

Im Schlusssatz wird noch einmal dein Anliegen deutlich, gegebenenfalls kann hier auch noch ein Kompromiss vorgeschlagen werden. Auf den Schluss folgt die abschließende **Grußformel**. Achtung, nach ihr kommt **kein Satzzeichen**, auch wenn man in vielen Briefen und E-Mails ein Komma findet. Es folgen Unterschrift und der Name in Druckbuchstaben.

Tempus

Der Brief wird überwiegend im **Präsens** verfasst, er kann jedoch auch **Präteritum**, **Plusquamperfekt** oder **Futur** enthalten. Dies wird im folgenden Beispiel deutlich:

Aktuell **gibt** es an unserem Pausenkiosk nur sehr wenig gesundes Essen. Im letzten Schuljahr **gab** es beispielsweise noch Obstsalat zu kaufen. Es wäre schön, wenn es in Zukunft ein größeres Angebot an gesundem Essen zu kaufen **geben würde.**

Wird im Brief von einem **Ereignis** berichtet, z. B. dem zurückliegenden Wandertag, so wird dieses überwiegend im **Präteritum** verfasst. Bei Vorzeitigkeit verwendet man das **Plusquamperfekt**, dies wird im folgenden Beispiel deutlich:

Nachdem alle Schüler ihre Taschen in den Bus **geladen hatten**, **fuhren** sie in die Berge.

Weitere Formen

Wird statt eines Briefs eine **E-Mail** verfasst, fällt der klassische Briefkopf weg. Angegeben werden lediglich die **E-Mailadressen** des Absenders und des Empfängers sowie ein **Betreff**. In der Regel ist auch eine **händische Unterschrift nicht nötig**. Diese wird nur in seltenen Fällen eingescannt ergänzt.

Der persönliche Brief

Aufbau, Tempus, Betreff, Hauptteil, weitere Formen

Siehe „Der sachliche Brief". Einen Betreff braucht es nicht unbedingt.

Schreibstil

Persönliche Briefe werden in der Regel etwas ausführlicher und **anschaulicher** formuliert als sachliche. Auch sie müssen jedoch **genau** darüber **informieren**, worum es geht.

Möchte man den Empfänger oder die Empfängerin von etwas überzeugen, so müssen **geeignete Argumente** gefunden werden und es sollte ein **roter Faden** erkennbar sein.

Der Brief wird in einem **natürlichen** und **herzlichen Tonfall** verfasst. Es wird **keine Spannung** aufgebaut, vereinzelt können jedoch emotionale Ausdrücke verwendet werden. Auf Umgangssprache solltest du aber auch hier verzichten. Verwende die **Anredepronomen „Du"** und **„Deine"** bzw. **„Ihr"** und **„Eure"**.

Anrede und Einleitung

Entscheide dich für eine **passende Anrede (Liebe(r) ..., Hallo ...,)** und formuliere dein Anliegen in der **Einleitung**. Diese sollte aus **maximal zwei Sätzen** bestehen. Im persönlichen Brief ist es üblich, kurz zu fragen, wie es dem Empfänger oder der Empfängerin geht.

Schluss und Grußformel

Im Schlusssatz wird noch einmal dein Anliegen deutlich. Auf ihn folgt die abschließende **Grußformel (Viele/ Liebe/Herzliche Grüße; Bis bald; Dein/e)**. Achtung, nach ihr kommt **kein Satzzeichen**, auch wenn man in vielen Briefen und E-Mails ein Komma findet. Es folgen Unterschrift und der Name in Druckbuchstaben.

27. Kurztest: Der Brief – Berichten und die eigene Meinung begründen

1 Richtig oder falsch? Vor dem eigentlichen Schreiben sollte ich mir genau überlegen, ...

	richtig	falsch
... ob es sich um einen sachlichen oder einen persönlichen Brief handelt.	○	○
... welche Argumente den Empfänger oder die Empfängerin überzeugen könnten.	○	○
... ob ein Brief oder eine E-Mail verfasst werden soll.	○	○

☐ /3

2 Richtig oder falsch? Die Einleitung sollte ...

	richtig	falsch
... kurz und knapp formuliert werden.	○	○
... die Argumente andeuten.	○	○
... im Präteritum formuliert werden.	○	○
... Spannung erzeugen.	○	○
... das Anliegen klar machen.	○	○

☐ /5

3 Richtig oder falsch? Der Hauptteil sollte ...

	richtig	falsch
... ausschließlich im Präteritum verfasst werden.	○	○
... wörtliche Rede enthalten.	○	○
... den Sachverhalt schildern.	○	○
... passende Argumente enthalten.	○	○
... höflich und nicht in Umgangssprache verfasst werden.	○	○
... Beispiele enthalten, die die Argumente untermauern.	○	○

☐ /6

4 Richtig oder falsch? Der Schluss ...

	richtig	falsch
... sollte das Anliegen wiederholen.	○	○
... sollte eine Lehre enthalten.	○	○
... kann zusätzliche Tipps und Vorschläge enthalten.	○	○
... sollte von der Grußformel gefolgt werden.	○	○

☐ /4

5a Welche der folgenden Sätze passen gut in einen sachlichen Brief zum Thema „Pausenverkauf"?

☐ /9

5b Zu welchem Abschnitt des Briefs gehören die Sätze? Schreibe den richtigen Briefteil dahinter. Wenn der Satz unpassend ist, lässt du das Feld frei.

☐ /5

	passend	unpassend	Abschnitt
Hi Frau Wandtke,	○	○	
Man könnte beispielsweise zweimal in der Woche einen Salat anbieten.	○	○	
Ich habe den Eindruck, dass sich vor allem die jüngeren Schüler überwiegend Süßigkeiten kaufen.	○	○	
Das Zeug, das dort verkauft wird, schmeckt grausam.	○	○	
Gesünderes Angebot am Pausenverkauf	○	○	
Gruß und Kuss	○	○	
Sehr geehrter Herr Direktor Neuer,	○	○	
Ich schreibe Ihnen, da ich das aktuelle Angebot am Pausenkiosk als zu ungesund empfinde.	○	○	
Das denken Sie doch auch, oder?	○	○	

Von 32 Punkten hast du ____ erreicht.

28. Kurztest: Der Brief – Berichten und die eigene Meinung begründen

1 **Nenne drei Konjunktionen, mit denen man eine Begründung einleiten kann.**

____

/3

2 **Es gibt zahlreiche Briefarten. Ordne sie jeweils der passenden Kategorie zu, indem du entweder „1" für den persönlichen Brief oder „2" für den sachlichen (auch: formeller oder offizieller Brief) davor schreibst.**

☐ Abschiedsbrief	☐ Trauerbrief	☐ Liebesbrief
☐ Genesungsbrief	☐ geschäftlicher Brief	☐ Rechnung
☐ Bewerbung	☐ Einladung	☐ Briefe von einem öffentlichen Amt
☐ Urlaubsbrief	☐ Glückwunschbrief	☐ Brief an Familie/Freunde

/12

3 **Bringe die Bestandteile des Briefs in die richtige Reihenfolge, indem du sie durchnummerierst.**

☐ Betreff	☐ Einleitung	☐ Anrede
☐ Grußformel	☐ Adresse	☐ Unterschrift
☐ Absender	☐ Hauptteil	☐ Schluss

/9

4 **Zähle je zwei Varianten für die Anrede und die Grußformel auf.**

____

____

/4

5 **Korbinian möchte seiner Cousine einen Brief schreiben. Vervollständige den Briefumschlag.**

Korbinian Schreiner wohnt in der Korsikaallee 6 in Lübeck, Postleitzahl: 23552.
Seine Cousine Fanny Schreiner wohnt in der Ostseestraße 85 in Magdeburg, Postleitzahl: 39116.

/3

Wichtige Hinweise zur richtigen Beschriftung eines Briefumschlags:

- oben rechts in der Ecke wird die Briefmarke aufgeklebt
- oben links steht die Adresse des Absenders
- unten rechts steht die Adresse des Empfängers

Von 31 Punkten hast du ____ erreicht.

29. Einen sachlichen Brief mit Hilfe verfassen

1 **Vervollständige den folgenden Brief (ohne Briefkopf). Der Hauptteil muss den Sachverhalt wiedergeben und mindestens zwei Argumente enthalten. Der Auszug aus dem Klassenchat hilft dir dabei.**

Klassenchat 6A

Ich hab überhaupt keinen Bock auf den Wandertag, letztes Jahr sind wir zwei Stunden im Regen rumgelaufen.
Sara

Wir könnten ja Kino vorschlagen.
Özge

Das hätte dann ja aber eigentlich nichts mit Wandern zu tun.
Zhongde

Für was ist denn der Wandertag überhaupt gut?
Özge

Verlegung des Wandertags

Sehr geehrter Herr Leitner,

wir, die Klasse 6a, möchten Sie bitten, den ersten Wandertag von Ende Oktober auf Ende September vorzuverlegen.

…

Wir sind uns sicher, dass die genannten Punkte auch Sie überzeugen. Über eine positive Rückmeldung würden wir uns sehr freuen.

Mit freundlichen Grüßen

☐ /5

2 **Du bist jetzt seit einem knappen halben Jahr in der 5. Klasse des Gymnasiums. Deine Klassenlehrerin bittet dich, dem Schulleiter einen Brief zu schreiben, in dem steht, was dir an der neuen Schule gefällt und was man noch besser machen könnte. Formuliere je drei positive Punkte und drei Kritikpunkte inklusive Verbesserungsvorschläge.**

a **Sammle zunächst, was dir gefällt und was nicht, und begründe deine Meinung.**

	Das gefällt mir.	Warum? Begründung und Beispiel
1		
2		
3		
	Das gefällt mir nicht.	**Warum? Begründung und Beispiel**
1		
2		
3		

☐ /6

b **Verfasse nun einen vollständigen Brief inklusive Briefkopf, in dem du die oben gesammelten Punkte einbaust. Die Adressen und Namen darfst du dir selbst ausdenken.**

☐ /41

Der Bewertungsbogen im Lösungsteil hilft dir, deine Beschreibung selbst zu beurteilen und gegebenenfalls zu verbessern.

Von 52 Punkten hast du ____ erreicht.

30. Einen sachlichen Brief überarbeiten

Dein Sitznachbar hat im Namen der Klasse einen Brief an eure Schulleiterin verfasst und bittet dich, ihn zu lesen und gegebenenfalls zu überarbeiten (Sprache und Inhalt). Da ihr ihn direkt abgebt, sind die Adressen nicht nötig. Auch eine Unterschrift braucht es hier nicht.

Spendenlauf 02.03.23

Hallo Frau Dr. Spiegel,

Wir, die Klasse 5c, möchten gerne gemeinsam mit unserer Klassenleitung Frau Ujha und unserem Sportlehrer Herrn Sprint einen Spendenlauf für alle 5. Klassen organisieren. Aus diesem Grund möchten wir Dich um Deine Erlaubnis sowie Deine Unterstützung bitten.

Wir haben mit Frau Ujha über den Krieg in der Ukraine gesprochen und darüber, dass viele Menschen nach Deutschland fliehen mussten. Auch unsere Schule hat einige Kinder und Jugendliche aufgenommen. Gemeinsam kam uns die Idee, einen Spendenlauf zu organisiren und mit dem Erlöhs Geflüchtete zu unterstützen. Wir planen den Spendenlauf für einen Vormittag Anfang Juni wenn es schon recht warm, aber hoffentlich noch nicht zu heiß ist.

Die Schüler der 5. Klassen würden sich selbst Sponsoren suchen, das können z. B. Verwandte, Lehrer oder auch Firmen sein, die sie je nach gelaufenen Runden bezahlen. Als Veranstaltungsort würden wir den Sportplatz vorschlagen. Dort war genügend Platz und er ist gleich ums Eck. Alles eingenommene Geld wird anschließend gespendet.

Natürlich würde an diesem Vormittag Unterricht ausfallen und es muss vorab ein Haufen organisiert werden, z. B. müsste die Schule die News an die Eltern verschicken. Trotzdem hoffe ich, dass wir Sie von unserer Idee überzeugen können.

Durch den Spendenlauf könnten wir beweisen, dass wir durchaus auch etwas Gutes tun können.

Es wäre doch toll, wenn an diesem Vormittag endlich einmal der Unterricht ausfallen würde, wir haben davon ja eh viel zu viel. Ein bisschen Sport an der frischen Luft ist ja auch nicht gerade ungesund.

Auch unsere Klassen- und die Schulgemeinschaft würden davon profitieren. Wir wollen den Spendenlauf gemeinsam mit den anderen drei fünften Klassen organisieren, und kämen so in mehr Kontakt mit unseren Mitschülern und Mitschülerinnen. Durch die gemeinsame wohltätige und sportliche Aktion würden wir uns alle besser kennenlernen und die Klassen- und Schulgemeinschaft würde gestärkt.

Wir hoffen sehr, dass Sie über die Idee eines Spendenlaufs zu Gunsten ukrainischer Flüchtlinge genauso happy sind wie wir und uns bei der Durchführung unterstützen.

Mit freundlichen Grüssen

Ihre Klasse 5c

Von 24 Punkten hast du ____ erreicht.

31. Einen sachlichen Brief verfassen

An deiner Schule wird aktuell darüber diskutiert, das bisherige Klassenraumprinzip durch das sogenannte Lehrerraumprinzip zu ersetzen. Statt der bisher üblichen festen Räume für jede Klasse hätten dann (fast) alle Lehrer eigene Räume und die Klassen müssten nach jeder Unterrichts(doppel-)stunde den Raum wechseln. Auch die Schüler werden nach ihrer Meinung gefragt. Als Klassensprecher oder Klassensprecherin erhältst du den Auftrag, eine E-Mail an die Schülersprecherin (nives.veres@gymnasium-frankfurt.de) zu schreiben, die die Meinungen aller Schüler sammelt. Du darfst selbst entscheiden, ob du dafür oder dagegen stimmst. Finde drei überzeugende Argumente.

In einer „Zeit-für-uns-Stunde" habt ihr mit eurer Klassenlehrerin über das Thema gesprochen:

Stellt euch mal vor, wie chaotisch das auf den Gängen wäre, wenn nach jeder Stunde alle den Raum wechseln müssten!

Ich persönlich fände das Lehrerraumprinzip toll. Das wäre für uns Lehrer viel weniger Stress! Außerdem jammert ihr doch eh immer über zu wenig Bewegung. Die hättet ihr dann automatisch.

Dann könnten wir das Klassenzimmer ja gar nicht mehr selbst mitgestalten.

Wenn die Lehrer weniger Stress haben, sind sie sicher auch viel besser gelaunt und geben bessere Noten.

Dann gibt's in jedem Fach wieder den Stress, wer neben wem sitzt …

Ich fände es sehr praktisch, wenn beispielsweise im Geo-Klassenzimmer schon die Atlanten parat liegen, dann müssen wir weniger schleppen.

Mir tut jetzt schon der Rücken weh, wenn ich mir vorstelle die schweren Schultaschen ständig rumzutragen.

Vielleicht könnte dann ja jeder Schüler und jede Schülerin einen Spind im Gang bekommen, so wie in den USA.

Der Bewertungsbogen im Lösungsteil zu **Test 29** hilft dir, deine Beschreibung selbst zu beurteilen und zu verbessern.

Von 32 Punkten hast du ____ erreicht.

32. Einen persönlichen Brief verfassen

Deine beste Freundin oder dein bester Freund zeigt dir folgende Anzeige im Internet:

Spitzen-Unterkunft auf einer Alm mit Abenteuerspielplatz, Pool und Disco

Teilnehmerbeitrag: 275 Euro
(inklusive Busfahrt – Abfahrt am Hauptbahnhof Nürnberg, Unterkunft, Verpflegung, Aktivitäten/Ausflüge)

Zeitraum: 5.–12. August 2023

ANMELDUNG NOCH BIS 26. MAI!

Aktivitäten:
- Geführte Wanderungen in verschiedenen Schwierigkeitsgraden
- Baden im See
- Bowlingbahn
- Lagerfeuer
- Grillen
- Volleyball- und Fußballplatz
- Bogenschießparcours
- Mountainbike-Touren
- Butter herstellen und Brot backen

Sie/Er hat schon die Zustimmung der Eltern, nun musst du nur noch deine überzeugen, da du unbedingt auch mit möchtest. Da du in Gesprächen immer die wichtigsten Punkte vergisst, hast du dir vorgenommen, dich in Ruhe hinzusetzen und deinen Eltern einen Brief zu schreiben, der sie überzeugt, dich auch mit ins Ferienlager fahren zu lassen.
Da du den Brief persönlich übergibst, sind keine Adressen nötig.

Der Bewertungsbogen im Lösungsteil zu **Test 29** hilft dir, deine Beschreibung selbst zu beurteilen und zu verbessern.

Von 40 Punkten hast du ____ erreicht.

33. Einen persönlichen Brief verfassen

1 **In zwei Wochen planst du einen Besuch bei deiner Oma und deinem Opa. Sie haben dir angeboten, einen Ausflug zu machen, wenn du sie dafür begeistern kannst. Du hast folgende drei Möglichkeiten herausgesucht. Entscheide dich für eine und überzeuge deine Großeltern mit drei passenden Argumenten.**

Der Bewertungsbogen im Lösungsteil zu **Test 29** hilft dir, deine Beschreibung selbst zu beurteilen und zu verbessern.

Von 34 Punkten hast du ____ erreicht.

Texte interpretieren

Gedichte – Das Wichtigste im Überblick

Wichtige Begriffe:

Vers – Zeile eines Gedichts mit einer vom Autor bewusst bestimmten Länge

Strophe – aus mehreren Versen bestehender Abschnitt eines Gedichts, der durch einen Absatz von der folgenden Strophe getrennt ist

Reim – häufiges Mittel, um die Verse eines Gedichts miteinander zu verbinden; man unterscheidet:

- Paarreim (a a b b), Kreuzreim (a b a b) und umarmenden Reim (a b b a)
- Endreim (die letzten Wörter zweier Verse reimen sich) und Binnenreim (zwei Wörter innerhalb eines Verses reimen sich)
- unreiner Reim (annähernder Gleichklang von Lauten: heute – Freude)

Metrum/Versmaß – Sprechrhythmus des Gedichts. Silben sind betont (ó) oder unbetont (o); man unterscheidet:

- Jambus: o ó → Am grauen Strand, am grauen Meer (Theodor Fontane)
- Trochäus: ó o → In den Wald bin ich geflüchtet (C. F. Meyer)
- Daktylus: ó o o → Wandle du Stürmender, wandle nur fort (Friedrich Rückert)
- Anapäst: o o ó → Wie mein Glück, ist mein Lied. (Hölderlin)

Lyrisches Ich – Erzähler des Gedichts; kann mit dem Autor identisch sein, muss es jedoch nicht

Typische Stilmittel:

- **Metapher** – sprachliches Bild, z. B. jemandem das Herz brechen, ein Auge auf jemanden werfen
- **Personifikation** – Übertragung menschlicher Eigenschaften auf Tiere oder Gegenstände („Vermenschlichung"), z. B. „der Sturm tobt", „der Himmel weint"
- **Vergleich** – Gegenüberstellung von zwei oder mehr Begriffen (Personen, Sachverhalte, Gegenstände usw.), zumeist eingeleitet mit „wie" oder „als", z. B. „stark wie ein Bär", „härter als Stein"
- **Alliteration** – mehrere aufeinanderfolgende Wörter mit dem gleichen Anfangsbuchstaben, z. B. Fischers Fritz fischt frische Fische.
- **Lautmalerei** – natürliche Geräusche werden mit sprachlichen Lauten nachgeahmt, z. B. die Schlange zischt, die Bienen summen

Fabeln

Die wichtigsten Merkmale im Überblick

- Die Protagonisten (die Hauptrollen) sind in den meisten Fällen Tiere, selten auch Pflanzen oder belebte Gegenstände.
- Diese werden **personifiziert** (s. Gedichte), sprich, sie **ahmen typisch menschliche Handlungen nach** und können **sprechen**. Häufig werden diese übertrieben, um den **Menschen** einen **Spiegel vorzuhalten**.
- Meist kommen nur zwei Tiere (o. ä.) vor, die in der Regel im Titel genannt werden (z. B. „Der Fuchs und der Rabe").
- Fabeln sind in der Regel **sehr kurz**, manche bestehen nur aus wenigen Zeilen. Dennoch sind sie immer **dreigeteilt** in **Ausgangssituation**, **Konflikt** und **Lösung**. Die Lösung beinhaltet eine **belehrende Moral**.
- Meistens wird bei Fabeln auf **Ausschmückungen** verzichtet.
- Die Protagonisten haben eindeutige **Charaktereigenschaften** und ändern diese auch nicht. Meist ist einer **besonders stark**, **schnell** oder **schlau** und der andere besonders **schwach**, **langsam** oder **dumm**.
- Ort und Zeit sind in der Regel **unbekannt**.

Einige typische Fabeltiere und ihre Eigenschaften:

Fabeltier	Typischer Name	Charaktereigenschaften
Bär	(Meister) Petz	gutmütig, nett, etwas naiv
Dachs	Grimbart	ruhig, besonnen
Ente	Tybbke	dumm
Esel	Langohr	faul, störrisch
Fuchs	(Meister) Reinecke	schlau, listig
Hahn	Henning	eitel, hochnäsig, stolz
Hase	(Meister) Lampe	ängstlich, vorlaut
Henne	Kratzefuß	dumm, einfältig
Igel	Swinegel	schlau
Kater	Murr, Hinze	stur, eigensinnig, konfliktbereit
Lamm	Lamb	dumm, fromm, schutzlos
Löwe	König der Tiere	stolz, mächtig, majestätisch
Rabe	Pflückebeutel	eitel, dumm, diebisch
Wolf	Isegrim	gierig, böse, verlogen

Märchen

- Märchen wurden früher mündlich weitergetragen, dadurch existieren meist verschiedene Versionen einer Geschichte.
- Sie beginnen oftmals mit den Worten „**Es war einmal**" und enden mit „**Und wenn sie nicht gestorben sind, dann leben sie noch heute**".
- **Ort und Zeit** der Geschichte sind **unbekannt** („In einem fernen Land ..."; „Vor langer, langer Zeit ...").
- Häufig wird der Hauptfigur **eine Aufgabe gestellt**, für die sie **ihr Zuhause verlassen** muss.
- Sie erlebt zahlreiche **Abenteuer** oder muss sich **Prüfungen** stellen.
- Auf ihren Reisen wird sie oft mit **fantastischen Elementen** konfrontiert, wie Feen, Hexen, Zauberern, magischen Gegenständen oder sprechenden Tieren. Manchmal geht es auch um **Wünsche**, die sich auf wundersame Weise erfüllen.
- Einige Charaktere kommen in den unterschiedlichen Märchen immer wieder vor (der König, die böse Stiefmutter oder die gute Fee).
- Meist hat die Hauptfigur einen **Gegenspieler** oder eine **Gegenspielerin**, der/die auch äußerlich und charakterlich **gegensätzlich** ist (z. B. schön – hässlich, arm – reich oder klug – dumm).
- Oft spielen die Zahlen 3, 7 und 13 eine wichtige Rolle.
- Am Ende **siegt häufig das Gute über das Böse** und dem Helden oder der Heldin der Geschichte winkt oft eine **Belohnung**.

34. Das Gedicht

1a **Bei den folgenden Gedichten sind die Verse durcheinandergeraten. Bringe sie in die richtige Reihenfolge, indem du die Verse korrekt nummerierst.**

Tipp: Unterstreiche die Reimwörter farbig.

A

☐ Es war einmal ein guter Vater,
☐ Der war garantiert nicht krank,
☐ dessen Haustier war ein Kater.
☐ lag aber immer auf der Ofenbank.
☐ Der Kater sprach: „Ich bin im Tierschutzverein!
☐ Fang Mäuse im Garten vorm Haus.
☐ Ist mir unmöglich, ein elender Mörder zu sein!"
☐ Der Vater rief: „Raus – raus – raus!"

Christine Nöstlinger

B

☐ Wenn dir ein Fels vom Herzen fällt,
☐ ein Kummer geht, ein Kummer kommt …
☐ So ist es nun mal auf der Welt;
☐ so fällt er auf den Fuß dir prompt!

Heinz Erhardt

C

☐ Frühling lässt sein blaues Band
☐ Süße, wohlbekannte Düfte
☐ Wieder flattern durch die Lüfte;
☐ Streifen ahnungsvoll das Land.

Eduard Mörike

D

☐ da stolperte das Trockenhorn,
☐ spazierten durch die Wüste,
☐ Ein Nasshorn und ein Trockenhorn
☐ und's Nasshorn sagte: „Siehste!"

Heinz Erhardt

☐ /10

1b **Welches Reimschema liegt jeweils vor?**

A ______

B ______

C ______

D ______

☐ /4

2 **Das folgende Gedicht wurde im Kreuzreim verfasst. Versuche selbst, die fehlenden passenden Reimwörter zu finden. Auf der nächsten Seite findest du eine Wörterliste, aber sieh dort erst nach, wenn dir gar nichts einfällt.**

Der Bär und das Eichhorn

Ein Bär, das stärkste Tier im **Wald**,
trat einmal aus **Versehen**
dem armen Eichhorn **Willibald**
im Walde auf die **Zehen**.

Er sagte nicht: „Pardon, mein ___________!"
Er tappte in Gedanken
als Bär verquer im Wald daher.
(Ein Bär kennt keine ___________.)

Da rief das Eichhorn Willibald:
„He, Dicker, bleib mal ___________!
Man tritt nicht einfach hier im ___________
wem anders auf die Zehen!"

Der Bär verhielt auf weichem Moos
verwundert seine ___________
und fragte, ganz ___________,
das kleine Tier: „Wie bitte?"

Das Eichhorn, das im Humpelschritt
zum Bären kam ___________,
sprach: „Wer wem auf die Zehen ___________,
muss um Verzeihung bitten!

Wenn du auch stärker bist als ich
an Körperkraft und ___________:
Dergleichen find ich ___________!
Ich lass mir's nicht gefallen!"

Die Pfötchen voller Wut ___________
(Doch kleiner als ein Hase),
so trat das Eichhorn Willibald
dem Bären vor die ___________.

Der Bär, mit bärigem ___________,
verblüfft und auch betreten,
hat in der Tat das Eichhorn um
Entschuldigung ___________.

Da sprach das Eichhorn Willibald:
„Schon gut! Schon gut! Doch künftig,
gehst du mal wieder durch den ___________,
sei achtsam und ___________!"

„Gut", sprach der Bär, „ich merk es ___________".
(Was Willibald sehr guttat.)
So kann man auch ein großes Tier
belehren, wenn man Mut ___________.

James Krüss

☐ /18

3 **Beantworte die folgenden Fragen zum Gedicht.**

▶ Aus wie vielen Strophen besteht das Gedicht?

____.

▶ Aus wie vielen Versen besteht das Gedicht?

____.

▶ Welches Reimschema liegt vor?

____

▶ Welches Metrum liegt im folgenden Vers vor? „So kann man auch ein großes Tier"

____.

☐ /4

Wörterliste für Aufgabe 2:

Wald Herr Schritte gebeten tritt gedankenlos Schranken stehen geschritten vernünftig Nase geballt Krallen Wald mir hat Gebrumm widerlich

4a **Welches Stilmittel wird im folgenden Gedicht verwendet, um den Herbst zum Leben zu erwecken? Nenne mindestens zwei Beispiele aus dem Text.** /3

4b **Erkläre, welcher Vorgang beschrieben wird.** /2

Der Herbst steht auf der Leiter

Der Herbst steht auf der Leiter
Und malt die Blätter an,
Ein lustiger Waldarbeiter,
Ein froher Malersmann

[...]

Die Tanne spricht zum Herbste:
Das ist ja fürchterlich,
Die andern Bäume färbste,
Was färbste nicht mal mich?

Peter Hacks

5 **Nenne zwei Stilmittel, die im folgenden Gedicht verwendet werden. Führe jeweils zwei Beispiele auf.** /6

Wenn es Winter wird

[...]

Und nimmst du einen Kieselstein
und wirfst du ihn rauf, so macht es klirr
und titscher – titscher – titscher – dirr ...
Heißa, du lustiger Kieselstein!

Er zwitschert wie ein Vögelein
und tut als wie ein Schwälblein fliegen -
doch endlich bleibt mein Kieselstein
ganz weit, ganz weit auf dem See draußen liegen.

[...]

Christian Morgenstern

Von 47 Punkten hast du ____ erreicht.

35. Ein Gedicht umschreiben

Verfasse auf Grundlage des Gedichts von James Krüss auf S. 47 eine Erlebniserzählung. Im Schluss sollte die Moral (Botschaft) des Gedichts deutlich werden.

Der Bewertungsbogen **Ausgestaltung eines Erzählkerns** im Lösungsteil zu **Test 11** soll dir helfen, deine Erlebniserzählung selbst zu beurteilen und gegebenenfalls zu verbessern.

Von 42 Punkten hast du ____ erreicht.

36. Die Fabel

Äsop: Der Fuchs und der Storch

Der Fuchs lud einst den Storch zu Gaste und dieser erschien. Aber das ganze Mahl bestand aus verschiedenen Suppen, die der Fuchs in flachen Schüsseln servierte. Begierig schlürfte er sie alleine auf, obgleich er seinen Gast unaufhörlich darum bat, es sich ebenfalls schmecken zu lassen.

Der Storch, der nichts von alledem genießen konnte, fühlte sich um sein Mahl betrogen, behielt aber eine heitere Miene, lobte die Bewirtung ungemein und bat seinen Freund auf den anderen Tag zu sich.

Der Fuchs versuchte, die Einladung abzulehnen, doch da der Storch darauf beharrte, nahm er sie schließlich an und besuchte den Storch. Alle möglichen Leckereien hatte der Storch herbeigeschafft, aber alles wurde in Gläsern mit langen engen Hälsen aufgetragen.

„Nun, Lieber", sprach der Wirt, „tue, als ob du zu Hause wärest, und folge meinem Beispiel!" Fröhlich machte er sich über die Speisen her, während der Fuchs vergeblich nur das Äußere der Flaschen anschaute und beroch. Hungrig schlich er sich bald darauf weg und gestand, dass der Storch ihm seinen gestrigen Mutwillen heimgezahlt hatte.

Was du nicht willst, das man dir tu', das füg' auch keinem anderen zu.

1a **Nenne drei Gründe, an denen du erkennst, dass es sich um eine Fabel handelt.** /3

1b **Notiere jeweils drei passende Eigenschaften zu Fuchs und Storch.** /6

1c **Beschreibe eine Situation aus deinem Alltag, auf die diese Lehre passt.** /1

Äsop: Die wilde Ziege und der Weinstock

Es war einmal vor langer, langer Zeit. Eine wilde Ziege, die von den Jägern verfolgt wurde, flüchtete sich in einen Weinberg und verbarg sich unter den breiten Blättern eines Weinstocks. In diesem Weinberg wuchsen nur die erlesenen Merlottrauben, mit ihrer samtblauen Farbe. Wirklich entging sie auch dadurch der Aufmerksamkeit ihrer Verfolger.

Kaum glaubte sie außer Gefahr zu sein, als sie sich über die Reben hermachte und eben diejenigen Blätter abfraß, die vor kurzem noch so treulich ihre Hörner versteckt hatten. Die Ziege war einfach unglaublich verfressen und schmatzte laut vor sich hin. Doch einer der Jäger war etwas zurückgeblieben und vernahm das Geräusch. Langsam und vorsichtig schlich er näher und näher, ganz darauf bedacht, nicht von der Ziege gehört zu werden, setzte er vorsichtig einen Fuß vor den anderen. Er entdeckte die Ursache gar bald, rief seine Gefährten herbei und die Ziege ward erlegt.

„Ach!", seufzte sie, während sie starb. „Ich selbst muss meinen Tod für eine gerechte Strafe erkennen, weil ich meinen Beschützer so undankbar zu behandeln vermochte."

Merke es dir gut: Jedes Laster zwar ist schändlich, aber schändlicher als der Undank ist keines.

2a **Was steht immer am Ende einer Fabel?** /1

2b **Nenne zwei Tiere, die du aus einer Fabel kennst und jeweils eines ihrer Charaktermerkmale.** /4

3 **Dieser Fabel wurden 4 Sätze hinzugefügt, die eigentlich nicht hineingehören. Nutze dein Wissen über Fabeln und markiere diese farbig.** /4

4a **Erkläre, weshalb man bei Fabeln auch von „verkleideten Wahrheiten" spricht.** /4

4b **Begründe, inwiefern dies auch auf Die wilde Ziege und der Weinstock zutrifft.** /4

Von 27 Punkten hast du ____ erreicht.

37. Eine Fabel erfassen und umschreiben

Äsop: Das Pferd und der beladene Esel

Ein Pferd und ein schwer beladener Esel, beide einem Herrn dienstbar, mussten nebeneinander über Land gehen. „Nimm mir doch, liebes Ross", bat der Esel, „nimm mir nur einen kleinen Teil meiner Last ab, denn ich sinke sonst unter ihr zu Boden." Das Pferd weigerte sich, seufzend schlich der arme Lastträger noch einige hundert Schritte weiter, strauchelte dann und sank zur Erde nieder.

Der Treiber, der zu spät sein Unrecht einsah, tat alles Mögliche, sein Tier wieder zu ermuntern, als er aber sah, dass seine Mühe vergebens sei, zog er, um doch etwas zu behalten, dem toten Esel die Haut ab und legte die ganze Ladung mit der Eselshaut obendrein, dem Pferde auf den Rücken.

„Schon recht!", sprach dieses bei sich selbst, „das ist die verdiente Strafe für meine Unbarmherzigkeit. Hätte ich mich vorhin nicht geweigert meinem Genossen beizustehen, so würde jetzt dieses Drangsal mich nicht treffen!"

1 **Nenne jeweils zwei Eigenschaften, die Pferd und Esel hier in der Fabel haben.** /4

2 **Erkläre mit eigenen Worten, wie sich das Pferd in der Fabel verhält. Wie beurteilst du dieses Verhalten?** /2

3 **Formuliere selbst eine Moral zur Fabel.** /2

4 **Verfasse basierend auf der Fabel eine kurze Erlebniserzählung (ca. 1,5 DIN A4-Seiten).** /42

Der Bewertungsbogen im Lösungsteil zu **Test 11** soll dir helfen, deine Erzählung selbst zu beurteilen.

Von 50 Punkten hast du ____ erreicht.

38. Die Fabel – Fortsetzung eines Erzählanfangs

Äsop: Der Löwe und der Bär

Ein Fuchs ging einst auf die Jagd, auf der Suche nach Beute. Schon nach kurzer Zeit vernahm er ein lautes Streiten.

Ein heißer Kampf hatte sich um den Körper eines toten Rehkalbes zwischen einem Bären und einem Löwen entfacht. „Die Beute gehört mir! Ich habe sie als Erster gesehen", fauchte der Löwe zornig und versuchte, den Bären mit einem Biss seiner scharfen Zähne zu verletzen. „Du lügst!", brüllte der Bär und griff seinerseits wütend mit seinen großen Pranken an.

1 **Lies dir den Anfang der Fabel Der Löwe und der Bär gründlich durch und formuliere dann einen Einleitungssatz, in welchem du den Titel der Fabel und den Namen des Autors angibst, und kurz die Ausgangssituation der Fabel erklärst.** /4

2 **Beschreibe jeweils zwei der wichtigsten Eigenschaften von Bär und Löwe und gib für jede Eigenschaft eine Belegstelle im Text an.** /4

3 **Schreibe nun eine Fortsetzung der Fabel. Beachte dabei die typischen Merkmale.** /4

4 **Formuliere abschließend eine Moral zu deiner Fabel und begründe, warum diese zur Fabel passt.** /2

Von 14 Punkten hast du ____ erreicht.

39. Eine Fabel verfassen

Der Kleine und der Große

Ein Fünftklässler und ein Neuntklässler gerieten auf dem Pausenhof immer wieder in Streit. Der Ältere hänselte den Jüngeren wegen seiner geringen Größe. „Ich bin zwar nicht so groß wie du, aber ich kann viel schneller laufen!", behauptete der Fünftklässler eines Tages. Der Neuntklässler lachte lauthals: „Wir können ja wetten. Wer am schnellsten um das Schulhaus läuft, gewinnt." „In Ordnung", antwortete der Jüngere, „und der Sieger bekommt Eis für sich und seine drei besten Freunde am Pausenkiosk." Kaum war das letzte Wort gesprochen, so rannten die beiden auch schon los. Schnell ließ der Große den Kleinen hinter sich. „Das Eis ist mir sicher!", dachte er und winkte seine Freunde herbei. Seines Sieges sicher blieb er stehen und erzählte von der Wette. Die vier Freunde lachten gemeinsam über den Kleinen und freuten sich bereits auf ihr Eis. Dieser jedoch hatte beobachtet, wie der Große sich mit seinen Freunden unterhielt und statt an ihnen vorbeizulaufen, nahm er den Umweg hinter einem Klettergerüst vorbei, sodass ihn der Große nicht sah. Er lief ohne Pause und gab sein Bestes und so erreichte er tatsächlich als Erster das Ziel.

1 **Lies dir die Geschichte gut durch und überlege dir eine passende Fabel.**

a **Finde jeweils ein passendes Tier für den Kleinen und den Großen.** /2

b **Überlege dir, was du statt dem Pausenhof und dem Eis verwenden könntest. Deine Fabel spielt ja im Reich der Tiere.** /2

c **Deine Fabel braucht auch eine Lehre. Sie sollte etwas damit zu tun haben, dass ein Angeber von einem vermeintlich Schwächeren hereingelegt wird.** /1

d **Schreibe die Geschichte in eine Fabel um.** /30

Der Bewertungsbogen im Lösungsteil hilft dir, deine Fabel selbst zu beurteilen und gegebenenfalls zu verbessern.

Von 35 Punkten hast du ____ erreicht.

Willst du noch mehr Fabeln schreiben? Dann überlege dir doch selbst eine Geschichte mit einer passenden Überschrift. Wähle dir dazu eine Moral/Lehre aus der folgenden Liste aus:

- Wer einmal lügt, dem glaubt man nicht und wenn er auch die Wahrheit spricht.
- Der Klügere gibt nach.
- Übermut tut selten gut.

Beim Verfassen deiner eigenen Fabel solltest du dir folgende Fragen stellen:

- Für welche Moral hast du dich entschieden?
- Welche Tiere kommen in deiner Fabel vor?
- Welche Eigenschaften haben diese Tiere?
- Wie sieht die Ausgangssituation aus?
- Mit welchem Problem werden die Tiere konfrontiert?
- Wie verhalten sich die Tiere und was sagen sie?
- Wie geht die Fabel aus?

Immer noch nicht genug? Ich habe noch zwei Ideen für dich:

Beherrschst du einen Dialekt? Dann schreibe eine der in diesem Kapitel abgedruckten Fabeln in (d)einen Dialekt um.

Oder malst du gerne? Häufig ist neben den Fabeln eine passende Zeichnung abgedruckt. Dann male zu einer der in diesem Kapitel abgedruckten Fabeln ein passendes Bild.

40. Märchen

Der Zaunkönig und der Bär

Zur Sommerszeit gingen einmal der Bär und der Wolf im Wald spazieren. Da hörte der Bär so schönen Gesang von einem Vogel und sprach: „Bruder Wolf, was ist das für ein Vogel, der so schön singt?" „Das ist der König der Vögel", sagte der Wolf, „vor dem müssen wir uns neigen." Es war aber der Zaunkönig. „Wenn das ist", sagte der Bär, „so möchte ich auch gerne seinen königlichen Palast sehen; komm und führe mich hin!" „Das geht nicht so, wie du meinst", sprach der Wolf. „Du musst warten, bis die Frau Königin kommt." Bald darauf kam die Frau Königin und hatte Futter im Schnabel und der Herr König auch und wollten ihre Jungen ätzen[1]. Der Bär wäre nun gern hinterdrein gegangen; aber der Wolf hielt ihn am Ärmel und sagte: „Nein, du musst warten, bis der Herr und die Frau Königin wieder fort sind." Also nahmen sie das Loch in Acht, wo das Nest stand, und gingen wieder ab. Der Bär aber hatte keine Ruhe, wollte den königlichen Palast sehen und ging nach einer kurzen Weile wieder vor. Da waren König und Königin wieder ausgeflogen. Er guckte hinein und sah fünf oder sechs Junge, die lagen darin. „Ist das der königliche Palast?", rief der Bär. „Ihr seid auch keine Königskinder; ihr seid unehrliche Kinder!" Wie das die jungen Zaunkönige hörten, wurden sie gewaltig böse und schrien: „Nein, das sind wir nicht. Unsere Eltern sind ehrliche Leute. Bär, das soll ausgemacht werden mit dir!" Dem Bär und dem Wolf ward angst; sie kehrten um und setzten sich in ihre Löcher. Die jungen Zaunkönige aber schrien und lärmten fort, und als ihre Eltern wieder Futter brachten, sagten sie: „Wir essen kein Fliegenbeinchen, und sollten wir verhungern, bis ihr erst ausmacht, ob wir ehrliche Kinder sind oder nicht; denn der Bär ist dagewesen und hat uns gescholten." Da sagte der alte König: „Seid nur ruhig; das soll ausgemacht werden." Er flog darauf mit der Frau Königin dem Bären vor seine Höhle und rief hinein: „Brummbär! Du hast meine Kinder gescholten. Das soll dir übel bekommen. Das wollen wir in einem blutigen Kriege ausmachen." Also war dem Bären der Krieg angekündigt, und es ward alles vierfüßige Getier berufen, Ochs, Esel, Rind, Hirsch, Reh, und was die Erde sonst alles trägt. Der Zaunkönig aber berief alles, was in der Luft fliegt, nicht allein die Vögel groß und klein, auch die Mücken, Hornissen, Bienen und Fliegen mussten herbei.

Als nun die Zeit kam, wo der Krieg angehen sollte, da schickte der Zaunkönig Kundschafter aus, wer der Oberfeldherr des Feindes wäre. Die Mücke war die listigste von allen, schwärmte im Walde, wo der Feind sich versammelte, und setzte sich endlich unter ein Blatt auf dem Baume, unter dem die Parole ausgegeben wurde. Da stand der Bär, rief den Fuchs vor sich und sprach: „Fuchs, du bist der schlaueste unter allem Getier. Du sollst General sein und uns anführen. Was für Zeichen wollen wir verabreden?" Da sprach der Fuchs: „Ich habe einen schönen, langen, buschigen Schwanz; der sieht aus fast wie ein roter Federbusch. Wenn ich den in die Höhe halte, so geht die Sache gut, und ihr müsst darauf losmarschieren; lasse ich ihn aber herunterhängen, so fangt an und lauft." Als die Mücke das gehört hatte, flog sie wieder heim und verriet dem Zaunkönige alles haarklein.

Als der Tag anbrach, wo die Schlacht geliefert werden sollte, hu, da kam das vierfüßige Getier dahergerannt mit einem Gebrause, dass die Erde erzitterte; der Zaunkönig mit seinem Heere kam auch durch die Luft daher. Das schnurrte, schrie und schwärmte, dass einem angst wurde; und sie gingen von beiden Seiten aneinander. Der Zaunkönig aber schickte die Hornisse ab, die sollte sich beim Fuchse unter den Schwanz setzen und aus Leibeskräften stechen. Wie nun der Fuchs den ersten Stich bekam, zuckte er, dass er das eine Bein aufhob; doch ertrug er's und ließ den Schwanz noch in der Höhe; beim zweiten musste er ihn einen Augenblick herunterlassen; beim dritten aber konnte er sich nicht mehr halten, schrie und nahm den Schwanz zwischen die Beine. Wie das die Tiere sahen, meinten sie, alles wäre verloren, und fingen an zu laufen jeder in seine Höhle. So hatten die Vögel die Schlacht gewonnen.

Da flogen der Herr König und die Frau Königin heim zu ihren Kindern und riefen: „Kinder, seid fröhlich, esst und trinkt nach Herzenslust; wir haben den Krieg gewonnen." Die jungen Zaunkönige aber sagten: „Noch essen wir nicht. Der Bär soll erst vors Nest kommen und Abbitte tun und sagen, dass wir ehrliche Kinder sind." Da flog der Zaunkönig vor das Loch des Bären und rief: „Brummbär, du sollst vor das Nest meiner Kinder gehen und Abbitte tun und sagen, dass sie ehrliche Kinder sind; sonst sollen dir die Rippen im Leibe zertreten werden." Da kroch der Bär in der größten Angst hin und tat Abbitte, und darauf setzten sich die jungen Zaunkönige zusammen und aßen und tranken und machten sich lustig bis in die späte Nacht hinein.

Aufgeschrieben von Jacob und Wilhelm Grimm

1 Jemandem zu Essen geben; jemanden füttern

1 **Lies das Märchen gut durch. Zeige anschließend an jeweils drei Textstellen, wie der Bär und die jungen Zaunkönige dargestellt werden. Erkläre dabei, aus welchem Verhalten du auf ihren Charakter rückschließen kannst.** ☐ /6

2 **Erläutere, welche Rolle die Mücke für den Verlauf der Handlung spielt.** ☐ /3

3 **Am nächsten Tag treffen sich Bär und Wolf erneut. Verfasse einen Dialog (ca. eine halbe Seite), in dem sie sich über die Ereignisse am vergangenen Tag unterhalten und eine Lehre aus dem Geschehenen ziehen.** ☐ /4

4 **Auch in diesem Märchen sind die Hauptfiguren Tiere, dennoch ist es keine Fabel, erkläre warum.** ☐ /5

Von 18 Punkten hast du _____ erreicht.

Kommst du bei einer Aufgabe nicht weiter? Dann beantworte zunächst die anderen Fragen und nimm dir ganz zum Schluss die schwierige Aufgabe noch einmal vor.

Schulinterner Leistungstest

In vielen Schulen werden in verschiedenen Fächern allgemeine Leistungstests geschrieben, um zu überprüfen, wie sicher die Schüler und Schülerinnen im jeweiligen Fach sind. Auch in Deutsch gibt es diese Tests. Teilweise werden sie von den Lehrerinnen und Lehrern der Schule selbst erstellt, teils kommen sie vom Ministerium und werden im ganzen Bundesland geschrieben. Die Regelungen sind natürlich etwas unterschiedlich, daher können diese Tests nur als Beispiel dienen. Fast immer werden die folgenden Kompetenzbereiche getestet:

- Leseverständnis
- Ausdrucksvermögen
- Grammatik
- Rechtschreibung
- Zeichensetzung

Natürlich kannst du auch nur einzelne Aufgaben bearbeiten, wenn du z. B. nur dein Leseverständnis oder nur Grammatik üben möchtest.

Sollte dir eine Aufgabe Probleme bereiten, so verschwende nicht zu viel Zeit, sondern mach mit der nächsten weiter. Damit du die Aufgabe nicht vergisst, solltest du diese am Rand mit Bleistift markieren. Es kann auch hilfreich sein, am Anfang einmal **kurz** alle Aufgaben zu überfliegen, damit du weißt, was auf dich zukommt.

41. Allgemeiner Leistungstest

Arbeitszeit: 45–50 Minuten Test + 5 Minuten Einlesezeit

Leseverständnis

Herr der Diebe

1 Es war Herbst in der Stadt des Mondes, als Victor zum ersten Mal von Prosper und Bo hörte. Die Sonne spiegelte sich in den Kanälen und überzog die alten Mauern mit Gold, aber der Wind blies eisig vom Meer herüber, als wollte er die Menschen daran erinnern, dass der Winter kam. In den Gassen schmeckte die Luft plötzlich nach Schnee, und die Herbstsonne wärmte nur den Engeln und Drachen hoch oben auf den Dächern die steinernen Flügel. Das Haus, in dem Victor wohnte und arbeitete, stand dicht an einem Kanal, so dicht, dass das Wasser unten gegen die Mauern schwappte. Manchmal träumte Victor nachts, dass das Haus in den Wellen versank, mitsamt der ganzen Stadt. Dass das Meer den Damm fortspülte, mit dem Venedig am Festland hing wie eine Kiste Gold an einem dünnen Faden, und alles verschluckte: die Häuser und Brücken, Kirchen und Paläste, die die Menschen dem Wasser so frech aufs Gesicht gebaut hatten. Aber noch stand alles fest auf seinen hölzernen Beinen, und Victor lehnte an seinem Fenster und blickte durch die staubige Scheibe nach draußen. Kein anderer Ort auf der Welt konnte so unverschämt mit seiner Schönheit prahlen wie die Stadt des Mondes. Das Sonnenlicht ließ die Spitzen und Bögen, Kuppeln und Türme um die Wette leuchten.

2 Pfeifend kehrte Victor dem Fenster den Rücken zu und trat vor den Spiegel. Genau das richtige Wetter, um den neuen Bart auszuprobieren, dachte er, während die Sonne ihm den stämmigen Nacken wärmte. [...] Vorsichtig klebte er ihn unter seine Nase, stellte sich auf die Zehenspitzen, um etwas größer zu erscheinen, wandte sich nach links, dann nach rechts [...] und war so versunken in sein Spiegelbild, dass er die Schritte auf der Treppe erst hörte, als sie vor seiner Tür haltmachten. Kundschaft. Verdammt. Musste ihn ausgerechnet jetzt jemand stören? [...] Wahrscheinlich bewundern sie mein Schild, dachte Victor. Es war schwarz und glänzend, sein Name stand in goldenen Buchstaben darauf: Victor Getz, Detektiv. Ermittlungen aller Art. In drei Sprachen hatte er das prägen lassen, schließlich kamen oft Kunden aus anderen Ländern zu ihm. [...]

3 „Avanti!", rief er ungeduldig. Die Tür ging auf und ein Mann und eine Frau betraten Victors Büro, das gleichzeitig sein Wohnzimmer war. Argwöhnisch sahen sie sich um, musterten seine Kakteen, die Bärtesammlung, den Garderobenständer mit den Mützen, Hüten und Perücken, den riesigen Stadtplan an der Wand und den geflügelten Löwen, der als Briefbeschwerer auf dem Schreibtisch stand. „Sprechen Sie Englisch?", fragte die Frau, obwohl ihr Italienisch nicht schlecht klang. „Selbstverständlich!", antwortete Victor und wies auf die Stühle vor seinem Schreibtisch. „Englisch ist meine Muttersprache. Was kann ich für Sie tun?" Zögernd nahmen die beiden Platz. Der Mann verschränkte mit mürrischem Gesicht die Arme und die Frau starrte auf Victors Walrossbart. „Oh. Das. Das ist nur eine neue Tarnung!", erklärte er und zog sich den Bart von der Oberlippe. „In meinem Beruf ist so etwas unerlässlich. Was kann ich für Sie tun? Irgendetwas verloren, gestohlen, entlaufen?"

4 Wortlos griff die Frau in ihre Handtasche. Sie hatte aschblondes Haar und eine spitze Nase, und ihr Mund sah nicht so aus, als ob sie ihn allzu oft zum Lächeln benutzte. Der Mann war ein Riese, mindestens zwei Köpfe größer als Victor. Auf seiner Nase schälte sich ein Sonnenbrand und seine Augen waren klein und farblos. Versteht wahrscheinlich keinen Spaß, dachte Victor und legte die Gesichter der beiden in seinem Gedächtnis ab. Telefonnummern konnte er sich schwer merken, aber ein Gesicht vergaß er nie.

5 „Uns ist etwas verloren gegangen", sagte die Frau und schob ihm ein Foto über den Schreibtisch. [...] Zwei Jungen blickten Victor an, der eine blond und klein, mit einem breiten Lächeln auf dem Gesicht, der andere älter, ernst, mit dunklem Haar. Der Größere hatte den Arm um die Schultern des Kleinen gelegt, als wollte er ihn beschützen – vor allem Bösen in der Welt. „Kinder?" Erstaunt hob Victor den Kopf. „Ich habe ja schon so einiges aufspüren müssen: Koffer, Ehemänner, Hunde, entlaufene Eidechsen, aber Sie sind die Ersten, die zu mir kommen, weil Sie Ihre Kinder verloren haben, Herr und Frau ..." Fragend sah er die beiden an. „Hartlieb", antwortete die Frau. „Esther und Max Hartlieb." „Und es sind nicht unsere Kinder", stellte ihr Mann fest. Seine spitznasige Frau warf ihm einen ärgerlichen Blick zu. „Prosper und Bonifazius sind die Söhne meiner verstorbenen Schwester", erklärte sie. „Sie hat die Jungen allein großgezogen. Prosper ist gerade zwölf geworden, Bo ist fünf." „Prosper und Bonifazius", murmelte Victor. „Ungewöhnliche Namen. [...]" „Meine Schwester hatte eine Vorliebe für alles Seltsame. Als sie vor drei Monaten überraschend starb, haben mein Mann und ich sofort das Sorgerecht für Bo beantragt, da wir selbst leider keine Kinder haben. Seinen größeren Bruder konnten wir unmöglich auch noch zu uns nehmen."

aus: „Herr der Diebe" von Cornelia Funke

1 **Jeweils eine Überschrift fasst den Inhalt des Abschnitts am besten zusammen. Setze jeweils nur ein Kreuz.**

1. Abschnitt
- ◯ Urlaubsziel Venedig
- ◯ Die Stadt des Mondes
- ◯ Venedig – Victors Heimatstadt
- ◯ Kanäle, Gassen, Dämme und Brücken

2. Abschnitt
- ◯ Die Anprobe
- ◯ Privatdetektiv Victor Getz
- ◯ Das neue Schild
- ◯ Der neue Bart

3. Abschnitt
- ◯ Zwischen Bärtesammlung und Perücken
- ◯ Ein erstes Kennenlernen
- ◯ Tarnung ist wichtig
- ◯ Victors Aufgabengebiete

4. Abschnitt
- ◯ Die neue Kundschaft
- ◯ Prosper und Bo
- ◯ Victors gutes Gedächtnis
- ◯ Gesichter ja – Telefonnummern nein

5. Abschnitt
- ◯ Koffer, Ehemänner, Hunde, entlaufene Eidechsen
- ◯ Ungewöhnliche Namen
- ◯ Eine Vorliebe für alles Seltsame
- ◯ Die verlorenen Kinder

☐ /5

2 **In zwei Abschnitten erfährt man nicht, welchen Beruf Victor ausübt, welche sind das?**

◯ 1 ◯ 2 ◯ 3 ◯ 4 ◯ 5 ◯ 6

Zwei Abschnitte lassen darauf schließen, dass die Handlung in Italien spielt.

◯ 1 ◯ 2 ◯ 3 ◯ 4 ◯ 5 ◯ 6

☐ /4

3 **Überprüfe die folgenden Aussagen anhand des Textes. Kreuze an, ob die jeweilige Aussage richtig, falsch oder nicht im Text enthalten ist.**

▶ **Victor sind seine neuen Kunden von Beginn an sympathisch.**
◯ richtig ◯ falsch ◯ nicht enthalten

▶ **Victor lebt in Venedig.**
◯ richtig ◯ falsch ◯ nicht enthalten

▶ **Esther und Max Hartlieb haben das Sorgerecht für ihre beiden Neffen beantragt.**
◯ richtig ◯ falsch ◯ nicht enthalten

▶ **Hartliebs sind mit dem Zug nach Venedig gereist.**
◯ richtig ◯ falsch ◯ nicht enthalten

▶ **Der Detektiv nutzt für seine Arbeit verschiedene Verkleidungen.**
◯ richtig ◯ falsch ◯ nicht enthalten

☐ /5

4 **Sprachliche Gestaltungsmittel dienen dazu, die Wirkung von Aussagen zu verdeutlichen oder zu verstärken. Kreuze jeweils nur eine Antwort an.**

▶ **Die Zeilen 4–14 sind für die eigentliche Handlung nicht wirklich relevant, welche Funktion erfüllen sie vor allem?**

Die Zeilen dienen dazu …

○ … die Seiten des Buchs zu füllen. ○ … die Besonderheiten Venedigs zu veranschaulichen.
○ … Victor zu charakterisieren. ○ … den Leser zu unterhalten.

▶ **In den Zeilen 19–22 finden sich zwei Stilmittel. Welche?**

○ Metapher und Vergleich ○ Personifikation und Alliteration
○ Vergleich und Personifikation ○ Metapher und Alliteration

▶ **Welches Stilmittel findet sich im folgenden Zitat: „… dachte Victor und legte die Gesichter der beiden in seinem Gedächtnis ab."**

○ Metapher ○ Lautmalerei ○ Vergleich ○ Alliteration

/3

5 **Überprüfe die folgenden Aussagen anhand der Grafiken unten und kreuze das Zutreffende an. Bei jeder Aussage darf nur ein Kreuz gesetzt werden.**

	richtig	falsch	nicht enthalten
In Bayern gibt es einen hohen Stundensatz, aber wenig Aufträge.	○	○	○
Mit dem höchsten Stundensatz ist in Hessen zu rechnen.	○	○	○
In 40 % der Fälle kann der Fall nicht vollständig gelöst werden.	○	○	○
Das Diagramm zur Aufklärungsquote ist ein Balkendiagramm.	○	○	○
Zahlreiche Personen führen zwar Ermittlungen durch, haben aber kein Detektei-Gewerbe angemeldet.	○	○	○
In drei Bundesländern kann der Stundensatz weniger als 50 € betragen.	○	○	○

/6

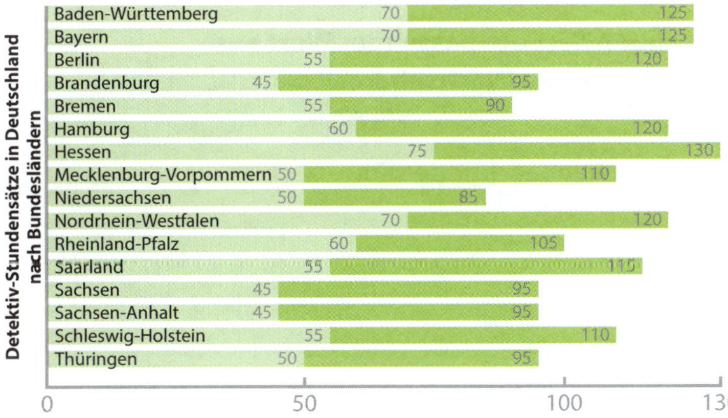

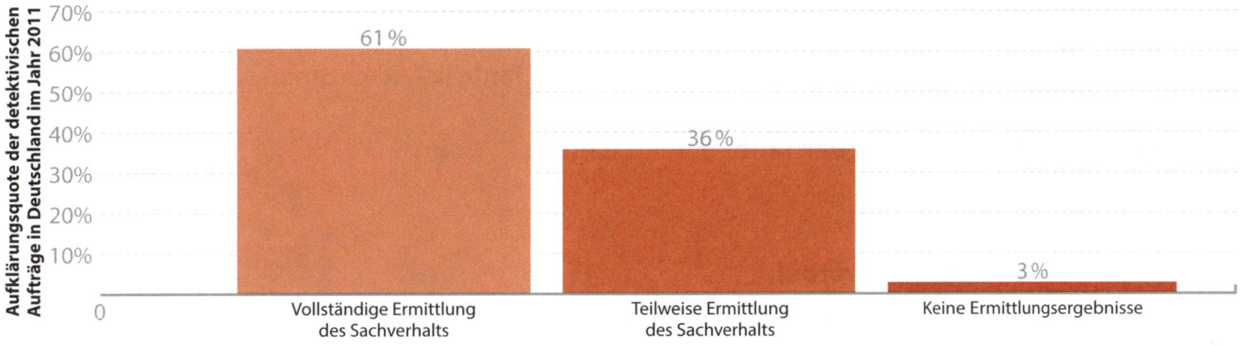

Detektiv-Stundensätze in Deutschland nach Bundesländern

Bundesland	von	bis
Baden-Württemberg	70	125
Bayern	70	125
Berlin	55	120
Brandenburg	45	95
Bremen	55	90
Hamburg	60	120
Hessen	75	130
Mecklenburg-Vorpommern	50	110
Niedersachsen	50	85
Nordrhein-Westfalen	70	120
Rheinland-Pfalz	60	105
Saarland	55	115
Sachsen	45	95
Sachsen-Anhalt	45	95
Schleswig-Holstein	55	110
Thüringen	50	95

0 50 100 130

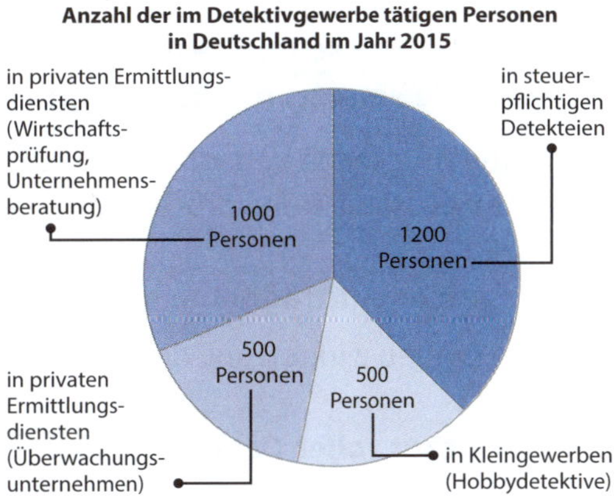

Anzahl der im Detektivgewerbe tätigen Personen in Deutschland im Jahr 2015

in privaten Ermittlungsdiensten (Wirtschaftsprüfung, Unternehmensberatung): 1000 Personen
in steuerpflichtigen Detekteien: 1200 Personen
in privaten Ermittlungsdiensten (Überwachungsunternehmen): 500 Personen
in Kleingewerben (Hobbydetektive): 500 Personen

Aufklärungsquote der detektivischen Aufträge in Deutschland im Jahr 2011

0 10% 20% 30% 40% 50% 60% 70%

Vollständige Ermittlung des Sachverhalts: 61 %
Teilweise Ermittlung des Sachverhalts: 36 %
Keine Ermittlungsergebnisse: 3 %

Ausdrucksvermögen

6 **Kreuze jeweils den Ausdruck an, der das kursive Wort ersetzen könnte, ohne den Sinn des Satzes zu verändern.**

▶ **Kein anderer Ort auf der Welt konnte so unverschämt mit seiner Schönheit *prahlen* wie die Stadt des Mondes.**

◯ angeben ◯ erfreuen ◯ liebäugeln ◯ werben

▶ **Genau das richtige Wetter, um den neuen Bart auszuprobieren, dachte er, während die Sonne ihm den *stämmigen* Nacken wärmte**

◯ schlanken ◯ kräftigen ◯ starren ◯ verrenkten

▶ ***Argwöhnisch* sahen sie sich um, …**

◯ ärgerlich ◯ beunruhigt ◯ misstrauisch ◯ erfreut

▶ **In meinem Beruf ist so etwas *unerlässlich*.**

◯ üblich ◯ gerne gesehen ◯ verpflichtend ◯ zwingend notwendig

☐ /4

7 **Ergänze jeweils das fehlende Präfix (Vorsilbe), sodass sich sinnvolle Sätze ergeben.**

ver- un- ver- be- ge-

Victor waren seine neuen Auftraggeber ______sympathisch.

In den engen Gassen der Stadt hat schon mancher die Orientierung ______loren.

Wenn man über die schmalen Brücken geht, ist Vorsicht ______boten.

Eine Möglichkeit wäre, dass sich die Kinder ______irrt hätten.

Die Adtoptiveltern ______zweifelten nicht, dass Bo in Venedig war.

☐ /5

8 **Forme die kursiven Wörter so um, dass du im nachfolgenden Satz ein passendes Wort aus derselben Wortfamilie einsetzen kannst. Hierbei helfen dir Suffixe (Nachsilben).**

Beispiel: Die meisten Brücken in Venedig sind aus *Stein*.
Die **steinerne** Statue beeindruckte die Touristen seit vielen Jahrhunderten.

▶ ***Humor* schienen seine Auftraggeber eher nicht zu kennen.**

Esther und Max Hartlieb wirkten auf Victor recht ____________________.

▶ **Venedig ist eine Stadt voller *Geheimnisse*.**

Der Herr der Diebe ist der ____________________ Anführer einer Kinderbande in Venedig.

▶ **Prosper und Bo waren Fremden gegenüber *misstrauisch*.**

Ihr ____________________ war nicht unbegründet, denn ihre Tante ließ nach ihnen suchen.

▶ **In Venedig kann man überall den *Flug* der Tauben beobachten.**

Ist einer ihrer Flügel verletzt, dann sind sie ____________________.

▶ **Er bummelte ohne *Hast* an den Cafés vorbei.**

Die Kinder ____________________ um die Ecke, um sich zu verstecken.

☐ /5

9 **Streiche in jeder Zeile das Wort durch, das von seiner Bedeutung her nicht in die Reihe passt.**

rennen	schwimmen	sprinten	laufen
Ausflug	Reise	Fahrt	Urlaub
Stadt	Dorf	Straße	Ort
oben	unter	neben	zwischen

/4

Grammatik / Formale Sprachbeherrschung

10 **Der folgende Text enthält sechs Grammatikfehler. Unterstreiche sie zunächst und verbessere sie dann. Achte darauf, dass sich der Sinn des Textes nicht verändert.**

Venedig gehört zu dem bekanntesten Städten der Welt. Das Zentrum der norditalienischen Stadt liegen auf über hundert Inseln in der Lagune von Venedig. Über die Hälfte der Gesamtfläche von Venedig besteht aus Wasser. Dieser Besonderheit verdankte die Stadt ihre Berühmtheit. Zahlreichen Brücken verbinden die engen Gassen der Stadt miteinander und anstelle eines Autos erkundet man sie besser zu Fuß oder mit einer der berühmten venezianischen Gondeln. Dass sind lange und schmale Boote und sie werden von einem Gondoliere gesteuert. Hierfür verwendet er eine lange Holzgabel. Zudem stößt sie sich häufig auch mit dem Bein von Hausmauern oder anderen Booten ab.

/6

11 **Bestimme die kursiv gedruckten Satzglieder und nutze hierfür die lateinischen Fachbegriffe.**

▸ **Diebe *kennen* viele Tricks, um an ihre Beute zu gelangen.**

kennen: ______

▸ **Grinsend verstaute der Dieb *den geklauten Geldbeutel geschickt in seinem Umhang*.**

den geklauten Geldbeutel: ______

geschickt: ______

in seinem Umhang: ______

▸ ***Den Polizisten* sind *die Diebe* meist um Längen voraus.**

Den Polizisten: ______

die Diebe: ______

/6

12 **Bestimme das Tempus des Prädikats. Kreuze an. Nur eine Antwort ist jeweils richtig.**

▶ **Diebe gab es schon immer.**

○ Futur ○ Präteritum ○ Plusquamperfekt ○ Präsens ○ Perfekt

▶ **Im nächsten Urlaub werde ich, besonders vor Sehenswürdigkeiten, auf Diebe achten.**

○ Futur ○ Präteritum ○ Plusquamperfekt ○ Präsens ○ Perfekt

▶ **Wir hatten uns daran gewöhnt.**

○ Futur ○ Präteritum ○ Plusquamperfekt ○ Präsens ○ Perfekt

▶ **Er hat vor Gericht die Wahrheit gesagt.**

○ Futur ○ Präteritum ○ Plusquamperfekt ○ Präsens ○ Perfekt

☐ /4

13 **Bestimme die Form der markierten Nomen. Kreuze die richtige Antwort an. Setze jeweils nur ein Kreuz.**

▶ **Die Kinder blieben bei ihrer *Bande*.**

○ Dativ Singular Femininum
○ Akkusativ Singular Femininum
○ Dativ Plural Femininum
○ Akkusativ Singular Neutrum

▶ **Victor kümmerte sich gut um seine *Verkleidungen*.**

○ Dativ Singular Neutrum
○ Akkusativ Singular Maskulinum
○ Genitiv Plural Femininum
○ Akkusativ Plural Femininum

▶ ***Bos* Kleidung bot ihm Schutz vor der Kälte.**

○ Genitiv Singular Maskulinum
○ Nominativ Singular Maskulinum
○ Genitiv Plural Maskulinum
○ Nominativ Plural Femininum

▶ **Der *Detektiv* nähert sich im Schutze der Nacht.**

○ Genitiv Singular Maskulinum
○ Nominativ Singular Neutrum
○ Dativ Singular Maskulinum
○ Nominativ Singular Maskulinum

☐ /4

Rechtschreibung

Von Kindern mit Lese-Rechtschreib-Schwäche müssen diese Aufgaben nicht bearbeitet werden.

14 **S, ss oder ß? Entscheide im folgenden Text, welche s-Schreibung jeweils die richtige ist.**

August von Platen: Venedig

Dies Labyrinth von Brücken und von Ga____en,
Die tausendfach sich ineinanderschlingen,
Wie wird hindurchzugehn mir je gelingen?
Wie werd ich je dies gro____e Rät____el fa____en?

Auszug an neue Rechtschreibung angepasst

☐ /4

15 **Markiere und verbessere die im nachfolgenden Text enthaltenen sechs Rechtschreibfehler. Fälschlicherweise Verbessertes führt nicht zu einem Punktabzug, werden jedoch mehr als sechs eigentlich richtige Textstellen markiert, gibt es Punktabzug.**

Prosper fült sich verantwortlich für seinen jüngeren Bruder Bo und macht sich Sorgen über ihre Situation. Es fiel den beiden nicht schwer nach Venedig zu kommen, dort verläufd das Leben jedoch anders als erhofft. Die Stadt, von der ihre Mutter immer so geschwärmt hat, presentiert sich im Herbst feucht und kalt und die Brüder haben zu dünne Kleidung und zu wenig Geld. Dann treffen sie aber überaschend andere Kinder, die zu waren Freunden werden. Sie führen Prosper und Bo zu Scipio, dem Herrn der Diebe. Dieser ermöglicht es den Kindern, in einem verlasenen Kino zu wohnen, und versorgt sie mit Essen.

/6

Zeichensetzung

Von Kindern mit Lese-Rechtschreib-Schwäche müssen diese Aufgaben in der Regel nicht bearbeitet werden.

16 **Ergänze im folgenden Text die fehlenden Kommas.**

„Lassen Sie mir Anschrift und Telefonnummer hier und kommen wir zu meinem Honorar." Während die Hartliebs sich wieder die enge Treppe hinunterquälten trat Victor auf seinen Balkon hinaus. Der Wind fuhr ihm kalt ins Gesicht er schmeckte nach Salz vom nahen Meer und Victor stützte sich fröstelnd auf das rostige Geländer und beobachtete wie die Hartliebs die Brücke betraten die zwei Häuser weiter den Kanal überspannte. Es war eine schöne Brücke aber das bemerkten sie nicht.

/5

aus: „Herr der Diebe" von Cornelia Funke

Von 76 Punkten hast du _____ erreicht.

42. Wortarten und Wortbedeutung

Arbeitszeit: 15 Minuten

1 Unterstreiche alle Nomen blau, alle Verben rot und alle Adjektive grün.

Eine Laus las langsam in ihrer Lektüre, während eine eilige Ente entsprechend schnell die Expressmeldungen las. Dies alles war jedoch der kleinen Katze ganz egal, denn sie kletterte kerzengerade den Kastanienbaum hinauf.

/7,5

2 Bilde zu den Infinitiven in der Tabelle jeweils den Imperativ (Befehlsform).

Denke daran, dass einige Verben ihren Stammvokal ändern, wenn du den Imperativ Singular bildest. Dies ist dann der Fall, wenn sie dies auch in der zweiten und dritten Person Singular tun: z. B. essen – du isst; er/sie/es isst – iss!

Infinitiv	Imperativ Singular	Imperativ Plural
befehlen		
geben		
fragen		
tragen		
nehmen		
aufpassen		

/12

3 Unterstreiche alle Adjektive und markiere den Positiv (Grundstufe) blau, den Komparativ (Vergleichsstufe) rot und den Superlativ (die Höchststufe) grün.

Letzte Woche haben wir in der Schule einen schwierigen Deutschtest geschrieben. Unser Lehrer hat erwähnt, dass die schwierigsten Aufgaben zum Schluss kämen, aber für mich war die erste Aufgabe schon komplizierter als erwartet. Meine beste Freundin war nach dem Test auch nicht gerade gut gelaunt und so beschlossen wir, dass es am sinnvollsten wäre, wir würden beim nächsten Mal zuvor einige Übungen machen.

/6

4 Einige Adjektive lassen sich nicht steigern, da sie bereits einen absoluten Zustand beschreiben. Markiere alle Adjektive, die sich nicht sinnvoll steigern lassen.

hell schön leer groß minimal schnell lauwarm tot heiß alt

/4

5 Nur eine Version ist richtig. Kreuze die Sätze an, die grammatikalisch und sprachlich korrekt sind.

- ○ Sein Buch ist nur halb so dick wie meines.
- ○ Sein Buch ist nur halb so dick als meines.

- ○ Mach bitte die Tür zu!
- ○ Machst du bitte die Tür zu!

- ○ Heute gibt es Kuchen, denn habe ich Geburtstag.
- ○ Heute gibt es Kuchen, denn ich habe Geburtstag.

- ○ Clara ist größer wie Christian.
- ○ Clara ist größer als Christian.

/4

Von 33,5 Punkten hast du ____ erreicht.

43. Satzarten und Satzglieder

Arbeitszeit: 15 Minuten

1 Kreuze die korrekten Aussagen an.

	richtig	falsch
Alle Relativsätze sind Nebensätze.	◯	◯
Ein Hauptsatz ist immer von einem Nebensatz abhängig.	◯	◯
Eine Lokaladverbiale ist eine Zeitangabe.	◯	◯
Adverbialien sind Satzglieder.	◯	◯
Ein Aufforderungssatz beginnt meist mit einem Verb.	◯	◯
Das Dativobjekt kann ich mit der Frage „Wen oder Was?" herausfinden.	◯	◯

☐ /6

2 Unterstreiche alle Hauptsätze.

Heute traf er besser, als er es gestern noch getan hatte.

Nachdem der Stürmer ein Tor geschossen hatte, jubelte er.

Wenn es morgen regnet, spielen wir das Turnier in der Halle.

Der Verein verpflichtete neue Spieler, da die Auswechselbank fast leer war.

Der Torwart trainierte Elfmeter und die Stürmer schossen.

☐ /5

3 Bestimme die unterstrichenen Objekte, indem du die lateinischen Begriffe auf die entsprechenden Zeilen schreibst.

Wenn am Ende einer Deutschstunde noch Zeit bleibt, liest uns (**1**) unsere Lehrerin aus dem Buch *Herr der Diebe* vor. Deshalb bedarf es im Unterricht der besonderen Aufmerksamkeit der Klasse (**2**), damit alle den Stoff (**3**) schnell verstehen. In dem Buch geht es um die Brüder Bo und Prosper (**4**). Die beiden haben sich dem Herrn der Diebe (**5**) angeschlossen. Der Privatdetektiv Victor benötigt für seinen Einsatz (**6**) gute Nerven.

1 ______________________ **4** ______________________

2 ______________________ **5** ______________________

3 ______________________ **6** ______________________

☐ /6

4 Bestimme in den folgenden Sätzen die unterstrichenen adverbialen Bestimmungen. Benutze den lateinischen Fachbegriff.

- Gestern war Dienstag. ______________________
- Aufgeregt schaltete er den Fernseher ein und starrte auf das Spielergebnis. ______________________
- Ob sie wohl heute alle gemeinsam ins Freibad gehen? ______________________
- Aus Angst etwas zu vergessen, packte er seinen Koffer randvoll. ______________________
- Kurz ertönte der Alarm, dann verstummte er. ______________________

☐ /5

Von 22 Punkten hast du ____ erreicht.

44. Ausdrucksvermögen

Arbeitszeit: 15 Minuten

1 **Ergänze jeweils ein Antonym (gegenteilige Bedeutung).**

nass ______ Freude ______

Sommer ______ aufbauen ______ /4

2 **Kreuze jeweils den Ausdruck an, der mit dem kursiv gedruckten Wort bedeutungsgleich ist (Synonym).**

▸ **Der Wissenschaftler gehört zu den besten *auf seinem Gebiet*.**
◯ überhaupt ◯ in seinem Bereich ◯ in seiner Abteilung ◯ auf der Welt

▸ **Der Chef *artikulierte* die Kritik an seinen Mitarbeitern deutlich.**
◯ kritisierte ◯ beschrieb ◯ äußerte ◯ unterstützte

▸ **Wer alle Vokabeln können möchte, braucht eine eiserne *Disziplin*.**
◯ Selbstbeherrschung ◯ Talent ◯ Erziehung ◯ Förderung

▸ **Die Zahl der Schüler, die Abitur machen möchten, steigt *rapide*.**
◯ nicht mehr ◯ langsam ◯ schnell ◯ immer mehr /4

3 **Neben Antonym und Synonym gibt es auch noch das Homonym. Homonyme sind gleich klingende Wörter, welche jedoch eine unterschiedliche Bedeutung haben.**

Denke dir jeweils selbst einen Satz aus, der zeigt, dass du eine weitere Bedeutung des markierten Wortes kennst.

Beispiel: Der Bankräuber versuchte, den Geldautomaten **aufzubrechen**.
Wenn wir den Zug erreichen wollen, sollten wir langsam **aufbrechen**.

▸ Es gibt zahlreiche Planeten, doch bisher leben die Menschen nur auf der **Erde**.

______

▸ Um ein neues Konto zu eröffnen, ging Jona zur **Bank**.

______

▸ Der neue **Band** der Science-Fiction-Reihe ist mit Abstand der beste.

______

▸ In Märchen wohnen die Hauptfiguren häufig in einem **Schloss**.

______

▸ Beim Wandern letztes Wochenende habe ich mir den Knöchel **vertreten**.

______ /5

Von 13 Punkten hast du ____ erreicht.